우울증을 극복하기 위한
내가 누구인지 이제 알았습니다

죠이선교회는 예수님을 첫째로(Jesus First)
이웃을 둘째로(Others Second)
나 자신을 마지막으로(You Third) 둘 때
참 기쁨(JOY)이 있다는 죠이정신(JOY Spirit)을 토대로
하나님 나라의 확장을 위해 지역교회와 협력, 보완하는
선교단체로서 지상명령을 성취한다는 사명으로 일합니다.

죠이선교회출판부는 죠이선교회 사역의 하나로
성경 공부, 제자 훈련, 전도, 해외 선교, 교회 학교에 관한
좋은 책과 전도지를 발간하여 한국 교회를 섬깁니다.

Copyright ⓒ 2004 Neil T. and Joanne Anderson
Originally published in English under the title:
Overcoming Depression
Published by Regal Books
A Division of Gospel Light Publications, Inc.
Ventura, CA 93006, U.S.A.
All rights reserved.

Korean Copyright ⓒ 2006 JOY MISSION
Jekee 2 dong 274-6, Dongdaemoon ku, Seoul 130-861, KOREA

OVERCOMING DEPRESSION

DR. NEIL T. AND JOANNE ANDERSON

Regal

From Gospel Light
Ventura, California, U.S.A.

추천의 글

정동섭 교수 / 가족관계연구소장, 전 침신대 기독교상담학과장

21세기를 행복의 세기라고 한다. 새천년을 맞이하면서 세상은 점점 더 불확실해지고 있으며 불안과 우울감은 더해가고 있다. 우울증이 보편화되면서 자살하는 사람이 날로 증가하고 있다. 행복해야 할 결혼이 이혼으로 끝나는 사례가 증가하고 있다.

하나님께서는 우리의 행복을 위하여 성경을 선물로 주셨다(신 10:13). 사람들은 누구나 행복을 갈망한다. 기쁨과 평안과 감사로 가득한 행복을 누리기 원하는 것은 우리 모두의 염원이 아닐 수 없다. 그런데 우리의 자족하는 마음을 불만과 불평으로 가득하게 하는 것은 무엇인가?

심리학자들의 한결같은 진단은, 우리의 일상생활에서 갖게 되는 불평들이 모두 우리의 자아상self-image과 관계되어 있다는 것이다. 자아상이 건강할 때, 즉 자존감이 높을 때 우리의 대인관계가 원만하고 우리의 생활의 질도 높아지는 것이다.

나는 누구인가? 나는 얼마나 소중한 사람인가? 나는 무엇을 할 수 있는가? 우리의 자아상은 우리와 하나님과의 관계는 물론, 배우자와 자녀, 그리고 대인관계 전반에 지대한 영향을 미친다. 성경

적 자아상을 회복하면 결혼생활을 비롯한 생활의 모든 영역이 풍성해진다.

관계전문가 레스 패로트Les Parrott는 말한다. "자아정체감이 확립되지 않은 상태에서 다른 사람과 친밀한 관계를 시도해 보았자, 그 대인관계는 자신의 자아를 완성하려는 부질없는 노력으로 시종일관하게 된다. 나는 누구인가에 대한 확고한 자아상을 정립하는 것이야말로 변치 않는 우정과 인생의 반려자를 발견하기 위한 가장 기초적인 작업이다."

이번에 죠이선교회에서 출간하는 닐 앤더슨의 책들은 우리 모두의 관심사라 할 수 있는 자아상의 문제와 자기의심(확신이 없는 삶), 우울증 그리고 중독행동이라는 주제를 다루고 있다.

닐 앤더슨은 《내가 누구인지 이제 알았습니다》, 《이제 자유입니다》 등의 베스트셀러를 통해서 우리나라에 잘 알려진 크리스천 심리학자이다. 그는 그리스도 안에서의 정체성을 확인하는 것이 모든 것의 기초가 된다는 진리를 누구나 이해할 수 있는 문장으로 나누는 실천신학자로 유명하다. 내가 누구인지를 아는 것이 우리의 생각과 감정과 행동에 그대로 영향을 미치기 때문이다.

자아개념과 자아정체감, 자아상 그리고 자아존중감은 정신건강의 가늠자가 된다. 그리스도 안에서 나 자신을 사랑하지 않고는 다른 사람을 사랑할 수 없다. 분명한 자아정체감과 확고한 자존감은 정신건강의 필수요소이며 행복하고 풍성한 삶을 누리는 데 없어서는 안 될 필수요인이다.

행복한 사람은 자존감이 높은 사람 즉 자신을 사랑하는 사람이며, 외향적이고 사교적인 사람이며, 낙천적이고 긍정적인 사람이며, 자신이 처해 있는 상황을 변화시킬 수 있다는 자기효능감을 지닌 사람이라는 것이 행복학science of happiness을 연구하는 긍정심리학자들positive psychologists의 일관된 주장이다.

당신은 얼마나 행복한 사람인가? 행복한 삶을 누리기를 원하는가? 사람은 책을 만들고 책은 사람을 만든다는 말이 있다. 이 책에는 저자의 인격과 사상이 담겨 있다. 세계적인 상담자에게 개인 상담을 받는 심정으로 인격감각을 가지고 이 책을 읽어보기 바란다. 어느새 마음을 새롭게 함으로 변화되어가는 자신을 발견하게 될 것이다.

좋은 책을 권하는 권서인으로 이름이 나 있는 정진환 목사님께서 이 정신건강 시리즈를 우리말로 옮겨주셨다. 정진환 목사님은 찰스 스윈돌Charles R. Swindoll의 《은혜의 각성Grace Awakening》(죠이선교회 역간)을 수려한 문체로 번역하여 많은 독자들에게 감동을 선물했는데, 이번에도 세심한 번역으로 독자를 섬겨주셨다. 특히 이 책《우울증 극복하기》는 그 아들 석영 군이 아버지를 닮은 꼼꼼함으로 읽기 편하게 옮겨주었다. 독자를 대신하여 고마움을 표하고 싶다.

이 책을 통해 치유와 회복, 그리고 성숙의 변화를 경험하기를 바라며, 기쁨으로 이 책을 추천한다.

추천의 글

김형준 목사 / 동안교회 담임목사, 크리스찬 치유상담연구원 전임교수

〈내가 누구인지 이제 알았습니다 시리즈〉의 기초가 되는 닐 앤더슨 박사의 《내가 누구인지 이제 알았습니다Victory over the Darkness》를 소개 받은 것은 미국에서 공부할 때였다. "목회상담과 영성"이란 수업에서 토론을 하던 중 치유와 영적 성장에 관심이 많다는 어느 미국인 학생이 자신이 목회하는 현장에서 닐 앤더슨 박사의 이 책과 또 다른 한 책 《이제 자유입니다The Bondage Breaker》가 치유를 경험하는 데 큰 도움이 되었노라고 소개한 것이다.

미국에서 목회와 상담을 하면서, 상담이 필요한 사람들, 심하게는 정신과 치료가 필요한 사람들에게는 공통적으로 크게 두 가지 문제점이 있다는 사실을 발견했다. 첫째로 그들에게는 하나님의 모습이 왜곡되어 있었다. 성경말씀에 기초한 하나님이 아니라 자기가 만든 하나님을 진리로 잘못 받아들여 하나님을 두려워하거나 하나님께 분노하고 있었다. 또 다른 문제는 자기 정체성의 혼란이었다. 자신이 누구인지, 어떤 존재인지, 그리고 그리스도인이라는 것의 의미가 무엇인지에 대한 혼란이었다. 이러한 정체성의 혼란은 인지와 정서 그리고 행동에 영향을 끼쳐 영적인 혼란이나 심리

장애를 일으키는 결과를 낳았다.

당시 상담자로서 내 고민은, 성경에서 얻은 영적 통찰을 심리학적으로 연결 지을 방법은 없는지, 그래서 단순한 증상의 치유를 넘어 영적인 성장까지 꾀할 수는 없는지 하는 것이었다. 한 가지 더, 치유 과정 중에 어둠의 영들과 대적이 불가피해질 때 어떻게 해야 하는가 역시 고민이었다. 이렇게 목회와 상담 경험을 통해 발견하게 된 문제점과 내 개인적인 고민을 해결하는 데 닐 앤더슨의 책은 큰 도움이 되었다.

본서는 부정적 자아상과 중독행동 그리고 자기의심과 우울증 및 좌절 등의 원인이 바로, 우리가 그리스도인으로서 누구이며 이 사실이 의미하는 바가 무엇인지를 충분히 이해하지 못하고 있기 때문이라고 설명한다. 따라서 본서를 읽다 보면 정신적, 영적 건강과 자유는 하나님에 대한 바른 이해와 하나님과의 바른 관계를 전제로 한다는 것, 올바른 신학은 올바른 심리학에 있어 필수불가결한 요소라는 것을 알게 된다.

예수님의 자녀가 된 것, 그분을 따르고 그분 안에서 안식을 누리는 것이 갖는 의미를 충분히 이해하고 있다면 우리 생활은 확연히 달라질 수밖에 없다. 다시 말해 진정한 앎은 그리스도인의 삶에 눈에 띄는 변화를 가져온다는 말이다. 본서는 예수님을 믿음으로써 달라진 점이 구체적으로 나타나지 않는다면, 믿음의 시작점으로 돌아가 하나님의 자녀 됨의 의미를 충분히 이해하고 있는지 재점검하라고 권한다. 또한, 그리스도인이라도 자신을 있는 그대로 받아들이지 못하고 낮은 자존감, 중독, 자기의심, 우울증으로 씨름

하는 사람들에게 '하나님의 자녀 됨'에 관한 올바른 지식을 주어 그리스도 안에서 참 자유를 누리기까지 이르도록 많은 통찰을 제공해 준다.

《부정적인 자아상 극복하기》, 《중독행동 극복하기》, 《자기의심 극복하기》, 《우울증 극복하기》의 네 권은 기독교상담학의 고전 《내가 누구인지 이제 알았습니다》의 심화, 특화본이라고 할 만큼, 원래의 기본내용에 충실하면서 각각의 주제에 맞춰 작은 책으로 새롭게 엮은 것이다. 이전에 《내가 누구인지 이제 알았습니다》를 읽어본 독자라면 좀더 세분화된 관점에 따라 제시된 깊이 있는 메시지를 접하는 기쁨을 맛보게 될 것이다. 이 책을 처음 접하는 독자라면 자신의 상황과 좀더 가까운 주제를 택해서 읽어나가는 맞춤 읽기가 가능할 것이다. 무엇보다 이 책을 읽어나가다 보면, 하나님 말씀에 관한 지식, 그리스도 안에서 자신의 신분에 대한 이해, 그리고 삶에서 성령의 임재하심의 결과가 바로 영적 성숙임을 자연스레 이해하게 될 것이다. 그러한 영적 성숙이 이 책을 읽는 모든 독자들 삶에 이루어지기를 축복한다.

감사의 말

이 책이 나오기까지 많은 분들의 도움과 공헌이 있었다. 누구보다도 고통 가운데 있는 분들의 공헌이 가장 컸다. 고통을 겪는 사람들을 돕는 사역은 그 과정 자체가 모두 배움의 단계였다. 충분히 다 들었다고 생각할 무렵이면 새로운 사건이 생겨서 문제를 더욱 어렵게 만들곤 했다. 고통의 골짜기야말로 우리가 성장하는 곳이며 삶의 방향을 바꾸는 곳이다. 우울증과 싸워야 했던 조앤으로 인해 우리의 삶은 더욱 향상되었고 그것 때문에 결국 〈그리스도 안의 자유Freedom in Christ〉 사역을 설립하게 되었다.

우울증에 대해 저술한 우리의 첫 번째 책은 《다시 찾은 희망Finding Hope Again》(Regal Books, 2000)인데 이때 도움을 준 할 바움첸Hal Baumchen에게 감사를 전한다. 첫 번째 책에 포함된 닐의 저술과 우울증을 이겨낸 조앤의 통찰력의 합작으로 이 책이 나오게 되었다. 스티븐 박사Dr. Stephen와 주디 킹Judy King에게도 감사를 전한다. 스티븐은 〈그리스도 안의 자유〉 사역의 이사회를 섬기는 정신과 의사이며 약품의 적절한 사용에 대한 정보를 제공해 주었다. 주디는 〈그리스도 안의 자유한 삶Living Free in Christ〉 수련회에서 우울증에 대한 강좌를 담당하는 치료사이며 닐 앤더슨과 페르난도 가르손Fernando Garzon 박사와 함께 《속박에서의 해방Released from Bondage》(Thomas Nelson, 2002)을 공저했다.

마지막으로 이 책이 〈내가 누구인지 이제 알았습니다 시리즈〉에 포함되도록 해준 가스펠 라이트 출판사에 감사를 전한다. 이 출판사는 사람들이 그리스도 안에서 자신이 누구이며 어떻게 자유로운 삶을 살 수 있는지를 발견하도록 돕는 일에 함께하고 있다.

차례

추천의 글 _4

감사의 말 _10

들어가는 말 _14

1장_우울증 진단 Diagnosing Depression _27

2장_뇌신경 화학작용의 이해와 마음의 평안
  Understanding Brain Chemistry and Finding Relief _43

3장_마음의 갈등 Mind Games _67

4장_희망의 근거 The Basis for Hope _91

5장_희망을 되찾으라 Overcoming Hopelessness _115

6장_무기력을 극복하기 Overcoming Helplessness _135

7장_상실을 극복하기 Dealing with Loss _161

8장_위기에서 살아남기 Surviving the Crisis _187

9장_우울증을 극복하기 위한 결단
  A Commitment to Overcome Depression _213

주 _241

들어가는 말

메리가 다시 병원에 입원했다고 조앤이 전했다. 메리는 심한 우울증으로 이번이 세 번째 입원이었다. 조앤은 병원에서 메리와 함께 기도하고 이야기를 나눌 기회가 있었다. 메리는 의사의 모든 지시를 철저하게 따랐고 알려진 모든 과학적인 치료법과 아직 증명되지 않은 방법까지도 시도해 봤다고 했다. 조앤이 조심스럽게 물었다. "닐한테 가 보면 어때요?" "닐이라고요!" 메리는 내키지 않는 듯 말했다. "그 사람이 저를 어떻게 돕겠어요? 그 사람은 항상 기분이 좋잖아요!"

항상 기분이 좋은 사람이야말로 그가 도움을 청해야 할 사람이 아닐까? 만약 우리가 병들었다면 병약하고 야위고 지쳐 있는 의사를 찾아가 건강의 비결을 물어보겠는가? 기분이 처져 있다면 '항상 기분이 좋은 사람'을 만나보거나 적어도 그런 사람에게 뭔가를 배우려 할 것이다. 그런 사람이라면 틀림없이 우울한 상황을 이겨낼 수 있게 하는 무언가가 있어서 그걸 믿거나 그 행동을 하는 것일 테니 말이다. 그렇지만 메리의 관점에서는 그것이 중요한 문제가 아니었다. 그는 아마도 이렇게 생각했을 것이다.

'항상 기분 좋은' 사람이 어떻게 내가 겪고 있는 상황을 이해할 수 있겠어? 아침마다 아무런 희망도 없고 잠자리에서 일어날 기력조차 없이 깨어나는 기분을 이해할 수 있겠냐고. 부정적인 생각이 내 마음을 괴롭히고 나는 항상 감정적으로 메말라 있어. 가끔은 좋을 때도 있지만 그런 순간들은 결코 오래 지속되지 않아. 제대로 생각을 하려고 해도 집중할 힘도 없고 별것 아닌 일에 조금만 기분을 상해도 또 다른 절망감이 내게 엄습하지. 나쁜 소식 하나만 더 들려도 죽을 이유는 충분해. 더 이상은 못 참겠어. 더는 싸울 힘도 의지도 없잖아. 그냥 이렇게 웅크린 채로 죽고 싶어. 그게 이 상황을 벗어날 수 있는 유일한 방법인 것 같아. 내가 죽으면 가족들도 훨씬 편해질 거야.

이것이 우울한 사람들이 갖는 부정적이고 반복적이고 억압적인 생각이다. 그런 질병으로 고통당하는 것만으로도 충분히 괴로울 텐데 이런 상황을 이해하지 못하는 사람들의 시선과 거절, 종교적인 권면까지 받는 것은 상처에 수치심마저 들게 한다. 처음에는 닐도 그런 사람들의 '기운을 북돋우려고' 한 말이 마음을 상하게 할 때가 있었다. 그래서 조앤은 닐에게 "이른 아침에 큰 소리로 그 이웃을 축복하면 도리어 저주같이 여기게 되리라"(잠 27:14)는 말씀을 읽어주었다. 우스운 이야기 한 토막이 어두운 세상에 한 줄기 빛처럼 잠깐의 기분전환은 될지 모르나 대개의 경우 오래 지속되지 않을 뿐 아니라 우울의 원인을 해결하지도 못한다.

만약 즐겁게 살아가는 사람은 우울한 사람이 겪는 일이나 상황을 이해하고 함께 짐을 지는 것이 불가능하다면, 어떻게 하나님께서 우울한 사람을 이해해 주시리라 기대할 수 있겠는가? 하나님은 마음에 들지 않는 상황을 얼마든지 새롭게 창조할 수 있는 분이시다. 하나님은 우리처럼 제한된 한계 때문에 고민할 필요가 없는 영원하고 무한하신 분이다. 하나님께 부정한 생각이라고는 전혀 없으며 극복할 수 없는 역경과 씨름하는 일도 없으시다.

예수님은 이해하신다

"하나님이 이해하신다"는 말은 우리가 그분을 하늘에 계신 아버지로만 생각할 때에는 사실로 받아들이기가 쉽지 않다. 하지만 예수님을 기억해 보자. 예수님은 자신을 낮추고 인간의 형상을 입으셨다. 예수님은 자신의 신성을 스스로 포기하셨고 모든 정치와 종교의 지도자들은 예수님을 반대하기 위해 뭉쳤다. 마침내 그는 혼자가 되셨다. 그가 택한 제자들조차 그를 떠났다. 베드로는 예수님을 안다는 사실마저 부인했다. 겟세마네 동산에서 예수님은 깊이 아파하셨으며 죽을 정도로 번민하셨다. 그는 슬픔을 아는 사람이었다. 결국 그는 명목뿐인 재판을 받고 날조된 죄목으로 유죄 판결을 받는다. 가장 흠 없이 살았던 예수님이 십자가에 못 박힌 것이다. 히브리서 4장 14-16절은 우리가 예수님으로 인해 하나님께 나아갈 수 있다고 말한다.

그러므로 우리에게 큰 대제사장이 있으니 승천하신 자 곧 하나님 아들 예수시라 우리가 믿는 도리를 굳게 잡을지어다 우리에게 있는 대제사장은 우리 연약함을 체휼하지 아니하는 자가 아니요 모든 일에 우리와 한결같이 시험을 받은 자로되 죄는 없으시니라 그러므로 우리가 긍휼하심을 받고 때를 따라 돕는 은혜를 얻기 위하여 은혜의 보좌 앞에 담대히 나아갈 것이니라.

예수님은 우리의 죄를 위해 죽으심으로써 우리에게 영원한 생명을 주셨을 뿐 아니라 그 자신의 경험을 통해 우리의 연약함을 이해함으로써 우리가 하나님께 나아갈 수 있게 하셨다. 그분이 직접 겪으셨기에 우리가 어떻게 느끼는지를 잘 아신다. 거절당하고 사랑받지 못한 경험이 있는가? 예수님도 그러셨다. 믿었던 사람에게 배신을 당했는가? 예수님도 그러셨다. 엄청난 유혹을 받은 적이 있는가? 예수님도 **모든 면에서** 유혹을 받으셨다. 다른 사람이 저지른 죄의 결과를 떠안고 살아야 하는가? 예수님은 스스로 **모든** 인류의 죄를 짊어지고서 우리로서는 도저히 감당할 수 없는 일, 그 아버지 하나님조차도 그에게 등을 돌리는 그런 일을 감당하셨다. 그러므로 우리는 자신 있게 "하나님은 결코 우리를 떠나지도 버리지도 않으신다"(신 31:6을 보라)고 말할 수 있다. 예수님은 그 모든 일을 겪으면서도 하늘 아버지에 대한 소망과 믿음을 잃지 않으셨다. 그를 버티게 했던 원천은 이제 그리스도 안에 있는 우리의 것이다. 그분은 모든 소망의 하나님이시다.

우리는 은혜와 긍휼을 받는다

우리는 하나님께로 나아가면 때를 따라 돕는 은혜와 긍휼을 얻는다는 확신이 있다. 하나님은 우리가 마땅히 받을 만해서 주시는 것이 아니라 받을 자격이 없는데도(이는 하나님의 긍휼이다) 우리에게 필요한 것을 주신다(이는 하나님의 은혜다). 사람들이 보기에 교회가 언제나 긍휼과 자비의 집인 것은 아니다. 오히려 사람들은 세상의 상담소나 술집에서 더 많은 긍휼을 입고 정죄와 판단을 덜 받는다. 그렇지만 그런 장소는 필요한 때에 도우시는 하나님의 영원한 은혜가 거하는 곳이 아니다. 그리스도 안에서 우리는 다른 사람을 도울 수 있는 은혜를 얻었다. 하지만 우리가 먼저 긍휼을 보이지 않으면 그들에게 은혜를 나눌 수 있는 기회도 얻지 못한다. 우울한 사람들은 "나를 불쌍히 여겨주세요. 나는 비난을 듣거나 판단을 받거나 조언을 듣거나 거절당하고 싶지 않아요. 나를 이해해 주고 받아들여 주고 인정해 주고 사랑해 주세요"라고 울부짖는다. 이것이 먼저 충족되지 않는다면 우리가 그들에게 어떤 성경적인 해답을 준다 해도 쇠귀에 경 읽기와 같을 것이다.

감추어서는 안 된다

우울증의 증상은 육체, 정신, 영혼을 모두 아우르는 전 인간이 어떤 영향을 받고 있음을 나타내기 때문에 우울증의 원인과 치료법을 결정하는 것은 어려운 과정이다. 우리는 정신적 문제로 몸에 질병을 앓는 사람들을 많이 보았다.1 또 몸의 질병 때문에 감정까지 고통을 받는 사람들도 많이 있다. 일반적으로 육체의 질병보다는 정신의 질병에 대한 사회의 편견이 더 심하기 때문에 우울증에 대한 육체적인 원인과 치료법이 발견되었으면 하는 것이 우리의 인간적인 바람이다. 육체적인 원인이 확인되면 어느 정도 책임감을 덜 수 있다. 우울증이 나의 잘못이 아니라는 점이 입증되면 나의 존재가치가 손상되지 않고 다른 사람들이 좀 더 동정적으로 대하리라 믿는 것이다.

그러한 생각 때문에 사람들은 자신의 감정을 나누길 두려워한다. 그러나 감정이나 영혼의 문제를 감추고 육신의 문제만을 나누려 할 때 너무나 많은 필요가 해결되지 않은 채로 남게 된다. 일반적으로 기독교 공동체는 감정적인 문제를 겪고 있는 사람들을 어떻게 대해야 할지 잘 모른다. 누가 다치거나 다리가 부러졌다면 우리는 병원에 모여서 그를 위해 기도하고 석고 붕대 위에 격려의 글을 써주기도 한다. 우리는 그에게 맛있는 것을 사주고 영웅이나 된 듯 대우해 준다. 그가 가진 육체의 아픔을 이해하고 공감할 수 있기 때문이다.

그러나 만일 어떤 사람이 우울하다는 기도제목을 내놓았다고 생각해 보자. 침울한 분위기가 방을 가득 채우고 조심스러운 기도가 드려진다. "주님, 메리가 우울증에서 벗어날 수 있게 도와주세요. 아멘." 기독교 공동체는 감정의 문제에 대해서 어떻게 대처해야 하는지를 배우지 못했다. 격려의 말을 쓸 석고 붕대도 없다. 사람들은 조용히 이런 생각을 한다. (혹은 우울증에 걸린 당사자가 보기에 다른 사람들이 이렇게 생각하는 것 같다.) '그냥 우울증에서 빠져나오면 될 텐데 왜 그럴까? 혹시 집안에 해골이라도 걸어놓고 있는 거 아냐? 기도하고 성경 읽는 것을 좀 더 충실히 했더라면 저렇게 되지는 않았을 텐데. 신실한 그리스도인이라면 우울증에 빠지지는 않아. 뭔가 죄를 지은 게 틀림없어.' 이런 판단하는 생각은 우울한 사람에게 도움이 되지 않으며 많은 경우에 사실도 아니다. 다른 사람의 죄의식이나 수치심을 자극하는 것은 정신이 제 기능을 회복하는 데 도움이 되지 않는다. 우리는 상한 마음을 고치시는 하나님의 사랑과 소망을 반영해내는 법을 배워야 한다.

어떤 형태의 우울증에 대해서는 물리적인 원인과 그에 따르는 물리적 치료책이 있는 것일까? 그 가능성을 검토해 보자. 그리스도인이라고 해서 비 그리스도인에 비해 내인성內因性 우울증(원인이 신체 기능에 있는 우울증)에 더 면역력이 있는 것은 아니다. 그러므로 그리스도인이 우울한 것을 죄라고 단정 짓는 것은 옳지 않다. 하지만 만일 우울증의 원인이 내인성이 **아니라면** 우리는 더 큰 희망을 가질 수 있다. 뇌신경 화학작용을 바꾸는 것은 우리의 믿음이나 사고방식을 바꾸는 것보다 훨씬 불확실하고 부정확하다. 그러나 보통은 뇌신경 화학작용을 바꿀 수 있다는 희망으로 약을 복용하게 하는 편이 믿음과 생각을 바꾸도록 하는 것보다 훨씬 쉽다. 만일 우울해지는 것이 믿음과 생각 때문이라면 왜 거만하고 건방지고 자기를 의지하는 사람들보다 우울한 사람들이 더 많은 비난을 받고 기피의 대상이 되어야 하는가? 우울증이 있는 사람은 성경에 나오는 선지자의 영과 더 가까운 사람이다.

총체적인 해답이 필요하다

어떻게 보면 우울증을 촉진하는 원인이 육체든 정신이든 영혼이든 차이가 없는 듯하다. 우울증은 전인격에 영향을 미치므로 완전한 치료를 위해서는 총체적인 해답이 필요하기 때문이다. 현실의 어떤 한 가지 측면에서 나타나는 인간의 문제는 현실의 다른 측면들과 분리될 수 없다. 몸과 영혼에 생기는 다른 병들과 마찬가지로 우울증은 인생 전반의 문제이며 인생 전반에 걸친 해답을 필요로 한다. 우울증은 우리 신체의 건강, 우리의 믿음, 자아 인식, 하나님과의 관계, 주변 사람들과의 관계, 인생의 환경 등 이 모든 것과 관련되어 있고 이 세상의 신인 사단과도 관련이 있다. 이런 관련요소를 모두 고려하지 않고는 우울증을 성공적으로 치료할 수 없다. 우리는 이 모든 현실을 창조한 온전하신 하나님을 모시고 있으며 하나님은 우리를 온전한 인간으로 여기고 우리와 관계를 맺으신다.

우리는 외톨이가 아니다

우울한 기분은 우리가 성장하면서 반드시 거쳐야 하는 과정이기 때문에 우울하다고 해서 부끄러울 일은 아니다. 미국의 예를 보면, 성인 인구의 10%에 해당하는 1,900만 명이 매년 우울증으로 고통을 받고 있는데[2] 그 중 3분의 1만이 우울증 치료를 받고 있다. 너무나 많은 사람들이 자존심 때문에 필요한 도움을 구하지 않으며 물론 그 결과는 예상하는 대로 비극적이다. 넘어지기 직전에는 교만해지는데 하나님은 교만한 사람을 대적하신다. 홀로 그리스도인의 삶을 살 수 있는 척하는 것보다 도움이 필요하다는 사실을 인정하는 것이 훨씬 정직하며 우리를 자유롭게 하는 방법이다. 자급자족하려는 우리의 노력은 그리스도 안에 있는 충만을 위태롭게 한다. 그리스도 안에서 안전을 느끼는 사람은 서로의 필요를 인정하고 필요할 때는 주저하지 않고 도움을 요청한다. 우리는 하나님이 꼭 필요하다. 우리는 또한 서로가 필요하다. 다른 사람의 필요를 돕는 것은 사랑의 핵심이다.

하나님을 향해 온전한 마음을 지녔던 다윗도 수없이 우울증에 빠졌으며 그의 이런 모습은 시편 곳곳에 기록되어 있다. 마르틴 루터 역시 일생 동안 우울증과 싸웠다고 한다. 에이브러햄 링컨은 "나는 지금 살고 있는 사람 중에서 가장 비참한 사람이다. 내가 겪고 있는 감정을 인류가 똑같이 공유한다면 이 땅에 기쁜 얼굴을 가진 사람은 아무도 없을 것이다"라고 말했다.[3] 에이브러햄 링컨의 친구들은 "링컨은 슬퍼 보이는 사람이었다. 그가 걸어가는 모습에는 우수가 흘러 넘쳤다,"[4] "그는 정신적인 우울증이 너무 심해서 주머니에 칼을 넣고 다니지도 못했다"[5]고 했다. 제2차 세계대전 당시 영국의 수상이었던 윈스턴 처칠은 재발하는 자신의 우울증을 '검은 개'라고 불렀다. 한 전기 작가는 이렇게 썼다. "그는 검은 개라는 이름에 걸맞은 적의 횡포에 시달렸다. 이 폭군은 그를 사로잡아 완전히 파멸로 몰아넣기도 하고 기분을 들뜨게도 했다."[6]

자 이제, 이 타락한 세상에서 사는 것이 우리를 우울하게 할 수 있다는 사실을 인정하기로 하자. 우울증이란 인생에서 무엇인가를 상실할 때에 발생하는 자연스러운 결과다. 그러한 상실에 어떻게 반응하는지를 이해하는 것은 너무나 중요하다. 우리가 가진 모든 것은 언젠가는 잃어버릴 것이기 때문이다. 이러한 인생의 시험을 통하여 우리가 절망적이고 무기력한 감정을 극복하는 방법을 배우며 성장해나가는 것이 하나님의 뜻이다. 가장 귀한 보물은 때로는 가장 깊은 동굴에서 발견된다. 우리는 모든 희망의 하나님에게서만 얻을 수 있는 확신이 필요하다. 누군가 이렇게 말했다.

우리는 먹지 않고 40일을 살 수 있고 마시지 않고 3일을 살 수 있으며 공기 없이 8분 가량을 살 수 있다. 하지만 희망이 없이는 1초도 견딜 수 없다.[7]

진리가 희망을 회복시킨다

우리는 여러분이 하나님의 진리의 말씀에 따라 살고 하나님 안에서 희망을 갖도록 도울 수 있기를 기대하며 이 책을 썼다. 이 책을 통해 하나님의 긍휼과 은혜로 나아가기를 원한다. 우울증이나 포기, 절망이 이미 우리 삶에 서서히 숨어들고 현실에 대한 우리의 시각을 오염시켰을지도 모른다. 하지만 진리는 희망을 회복시긴다. 성경말씀의 창을 통해 우리가 살고 있는 현실을 보게 되기를 원한다. 하나님의 시각으로 삶을 바라보는 것이 지혜다. 심각한 우울증의 고통을 닐은 겪지 않았지만 아내 조앤은 겪었다. 우리는 이 책에서 삶을 거의 파괴해 버릴 만큼 심각했던 우울증을 우리가 어떻게 극복했는지 이야기하려고 한다. 또한 우울증에서 벗어난 다른 많은 사람의 이야기도 읽게 될 것이다. 이야기에서는 대부분 가명을 사용했지만 몇몇 사람들은 그리스도 안에서 자유를 찾은 간증을 공개적으로 나누고 싶어했다. 내용을 고려해서 작가가 닐이든 조앤이든 '나'와 '우리'는 구분하지 않고 사용했다. 이 책은 다음과 같이 진행될 것이다.

1. 적절한 진단을 돕기 위해 우울증의 증상과 징후들을 묘사하고
2. 의학용어와 뇌신경 화학작용 및 신경학적 기능을 설명하여 우울증의 유기적인 부분을 이해하고
3. 생각과 믿음이 이 세상에 대한 우리의 반응에 어떠한 영향을 미치는지 살펴보고
4. 영의 건강이 정신의 건강과 어떻게 연결되는지를 확인하고
5. 하나님이 우리의 아버지 되심과 그가 우리와 어떻게 관계를 맺으시는지를 보여주고
6. 복음을 설명하여 그리스도 안에서 우리가 누구이고 하나님의 자녀가 된다는 것의 의미가 무엇인지를 입증하고
7. 우리의 희망 없고 무기력한 느낌을 없애줄 성경말씀의 진리를 보여주고
8. 어쩔 수 없는 인생의 상실을 견뎌내고 더 높은 성숙에 이르기 위한 디딤돌로 위기를 사용할 수 있는 방법을 이해하도록 돕고
9. 우울증을 극복할 수 있는 단계별 과정을 제시할 것이다.

예수님은 "지금 내가 아버지께로 가오니 내가 세상에서 이 말을 하옵는 것은 저희로 내 기쁨을 저희 안에 충만히 가지게 하려 함이니이다"(요 17:13)라고 기도하셨다. 바울은 "우리가 너희 믿음을 주관하려는 것이 아니요 오직 너희 기쁨을 돕는 자가 되려 함이니 이는 너희가 믿음에 섰음이라"(고후 1:24)고 말한다. 하나님은 우리가 주님이 주시는 기쁨을 경험하길 원하신다. 기쁨은 상황의 열매가 아니라 성령의 열매다(갈 5:22-23을 보라). 우리는 당신의 기쁨을 위해 함께 노력할 것이다. 하지만 그리스도인의 삶은 행복하기 위해 노력하는 것이 아니다. 그것은 그릇되고 이기적이며 진부한 생각이다.

오히려 우리는 그리스도 안에서 목적을 가지고 상황을 극복하는 사람이 되도록 부름을 받았다. 얻어맞고 실패하는 삶의 속박 가운데 계속 사는 것은 우리를 부르신 목적이 아니다. 나 자신이 쓸모없고 무가치한, 거부된 존재라는 생각은 사실이 아니다. 우리 인생에 희망이 없다고 보는 것은 우리에게 믿음을 주실 뿐 아니라 그것을 완성하실 예수님에게서 눈을 돌리는 것이다. 나는 사랑받지 못하고 인정받지 못하며 무가치하다고 생각한다면 거짓말을 믿고 있는 것이다. 당신은 왕이신 하나님의 자녀로서 하나님이 당신을 어둠에서 구원하시고 그의 사랑받는 아들의 나라로 옮기셨기 때문이다(골 1:13을 보라). 당신을 향한 하나님의 사랑은 조건이 없다. 하나님은 사랑**이시기** 때문이다. 당신을 사랑하는 것은 하나님의 본성이다.

우리는 희망을 잃은 사람들을 돕는 일을 해왔다. 우리가 수년간의 경험을 통해 얻은 공감과 이해의 힘이 전해지기를 기도한다. 우리의 공감과 이해는 불완전하지만 하나님의 사랑과 이해는 완전하시다. 하나님이 당신의 희망이시다. 우리는 사랑으로 진리를 이야기할 것이다. 하지만 상한 마음을 싸매줄 수 있도록 부드럽게 이야기하려고 한다. 궁극적인 해답은 당신의 삶 가운데 그리스도께서 인격적으로 임재하시는 것과 그의 말씀의 진리뿐이라고 우리는 믿는다. 이 진리가 당신의 고통에 적용되고 실제로 즉각적인 행동을 취하도록 격려할 수 있기를 희망한다.

소망의 하나님이 모든 기쁨과 평강을 믿음 안에서 너희에게 충만케 하사 성령의 능력으로 소망이 넘치게 하시기를 원하노라.

로마서 15장 13절

01 우 울 증 진 단

| Diagnosing Depression |

> 우울증이 가까이 다가오는 징조는 …… 번민, 고뇌, 낙담, 침묵, 원한 …… 삶에 대한 열망이 일어나는가 하면 또 죽음에 대한 동경이 일어나는 것, 누군가 나를 음해한다는 의심 등이다.
>
> 켈리우스 아우렐리아누스, 5세기 감리교 의과대학 치료사

한 목사 부부가 눈물로 이야기를 시작했다. 9일 전에 교통사고로 아들을 잃었다는 그 부부는 이전에도 여러 번 어려운 시기를 경험해서 불행과 슬픔을 대면하는 데 익숙해져 있었다. 우리와 함께 이야기를 나누고 기도하는 동안 이들 부부는 아들에 대한 추억들을 떠올렸다. 목회를 통해 하나님의 은혜와 위로에 대해 잘 알고 있었고 많은 이들이 위기를 극복하도록 도왔지만 지금 그는 낙담하여 잠도 못 이룰 지경에 처해 있었다. 상실감이 그를 억누르고 있었다.

스티븐이라는 남성은 작은 트럭을 몰다 발생한 사소한 사고 때

문에 거의 5개월간이나 일거리 없이 살고 있었다. 아무도 다치지는 않았지만 회사는 스티븐에게 운전을 금지시켰고 그는 부끄럽고 당황한 나머지 회사를 사직하고 말았다. 이후 그는 새로운 취직자리를 알아볼 수도 없었고 그저 시간을 때우기 위해 하는 몇 가지 '활동'들을 과장하여 이야기하는 것으로 변명을 삼았다. 그는 무기력했고 희망이 없었으며 미래에 대해 말하기를 주저했다.

30대의 한 여성은 상담을 하는 동안에도 몸을 떨며 걱정을 놓지 못했다. 9살 난 아이를 혼자 키우는 이 여성은 탁아시설에서 일하며 밤에는 학교를 다니고 있었다. 부모로부터 독립한 지 오래 되었지만 여전히 부모와의 관계에서 끊임없는 긴장과 부담을 느끼고 있었다. 그는 자신의 영적인 삶과 영혼의 끔찍한 상황에 대해서 깊이 반성하고 있었으나 겁먹은 표정에 떨리는 목소리로 자신은 용서받을 수 없는 죄를 지었다고 했다. 마음속에서 들리는 '여러 가지 소리'가 항상 그를 괴롭히고 있었다. 그 소리들은 끊임없이 '창녀', '불결한 여자'라고 부르며 예수님도 다시는 그와 이야기하지 않을 것이라고 했다. 그는 신경이 극도로 예민해져 안정을 찾지 못했다.

전염병처럼 번지는 우울증

이러한 상실과 낙심 그리고 영적인 패배에 대한 이야기들은 서로가 너무 다르고 연관성이 없어 보이지만 이들의 상태에 대한 진단은 모두 우울증이다. 우울증은 영혼을 짓누르는 마음의 통증이다.

우울증은 우리를 완전히 사로잡고 절대로 떠나지 않을 것이라고 믿게 한다. 하지만 우울증은 사라질 수 있고 지금도 많은 사람들에게서 사라져가고 있다! 우울증은 치료가 가능하다. 우울증에 눌려 오래도록 고통 받을 필요가 없는 것이다.

현재도 미국에서는 천만 명가량이 우울증으로 고통을 받고 있다. 우울증은 연령, 성별, 사회나 경제적 지위와 상관없이 모든 사람의 삶에 슬그머니 침투한다. 우울증으로 고통 받는 여성은 남성의 두 배나 된다. 대학생 중 25%가 이런저런 유형의 우울증을 겪고 있고 대학의 중도탈락자 중 33%가 학교를 떠나기 직전에 심각한 우울증에 시달린다. 1985년에서 1994년까지 10년 동안 정신적인 문제로 약을 처방 받은 환자들의 진료 건수는 3,270만 건에서 4,560만 건으로 증가했다. 이 10년 동안 우울증으로 진단된 진료 건수도 1,100만 건에서 2,040만 건 이상으로 증가했다.1 10년간 발생한 이러한 증가는 엄청난 것이다. 더구나 우울증으로 고통 받는 많은 사람들이 의사의 도움을 받으려고 하지 않는다는 사실을 감안한다면 더욱 놀라운 통계 수치에 이를 것이다.

우울증은 복잡하기는 하지만 보통은 육체와 감정, 영혼의 어려움이다. 우울증은 너무 흔해서 심리적 감기라고 불릴 정도다. 많은 이들이 살아가면서 최소한 한 번은 심각한 우울증에 빠지며 건강 악화나 부정적인 주변 환경, 혹은 영적인 연약함 등으로 누구나 우울증의 일부 증상을 경험한다. 기독교인 중에도 상당수가 자신의 우울증을 부인하며 살고 있다. 영적으로 성숙하면 다른 사람들처럼 고통을 겪지 않아야 된다고 생각하기 때문이다. 그러한 생각 때문에 다른 사람들을 돕지 못하거나 또는 자신이 필요한 도움을 받지 못하는 결과가 나타난다. 실제로 어떤 '기독교' 공동체에서는 슬프거나 우울한 것을 부끄러운 일로 치부한다. 그 공동체는 우울한 이유를 "분명히 죄 가운데 살고 있기 때문"이라고 보는데 이는 잘못된 가정이다. 지나치게 단순화하거나 오류가 있는 이러한 생각 때문에 사람들은 진실한 감정을 숨기고 진리의 빛 가운데 행하지 못한다.

우울증의 신호들

우울증은 기분과 감정의 상태가 동요하고 혼란스러워지는 것이다. 슬픔이나 괴로움, 어둠이나 공허가 지속되는 것이 우울증의 특징이다. 우울한 감정 상태에서는 보통 희망이 없다는 생각이나 때로는 자살을 생각하게 된다. 우울한 사람들은 삶이란 불행이며 앞으로 개선의 가능성도 전혀 없다고 믿는다. 그들은 그들 자신과 미래, 그리고 그들을 둘러싼 주변 환경에 대해 부정적이고 비관적인 생각을 갖고 있다.

그러나 우울증으로 생긴 **감정 상태**는 원인이 아니라 증상이라는 점을 이해하는 것이 매우 중요하다. 증상을 치료하는 것은 잘해야 임시적인 효과만 있을 뿐이다. 우울증 치료는 결과가 아니라 원인에 초점을 맞춰야 한다. 치료의 목적은 질병을 낫게 하는 것이지 질병의 고통을 줄이는 것이 아니기 때문이다. 나중에 다시 살펴보겠지만 우울증의 원인은 육체나 정신, 혹은 영일 수도 있다. 적절한 치료방법을 선택하기 위해서는 우선 진단을 제대로 해야 하므로 우울증의 증상을 이해하는 것이 매우 중요하다.

우울증의 육체적 증상

활력 저하: 아무것도 하고 싶지 않아요!

기운이 없거나 지속적이고 극심한 피로를 느낀다면 우울증의 징후다. 걷고 말하고 집을 청소하고 출근 준비를 하고 일을 하는 데 평소보다 확연히 더 긴 시간이 걸릴 수 있다. 우울증으로 고통 받는 사람들은 시간이 거북이처럼 느리게 간다거나 일상의 활동들이 부담스럽거나 아예 영 불가능한 일처럼 느껴진다. 피로와 피곤은 이들의 공통적인 불평거리다. 활력이 저하되고 일에 대한 관심이 떨어지면 업무 수행에도 지장이 있다. 우울증에 걸린 사람들은 자신의 업무성과가 떨어지고 있다는 인식은 하지만 우울증에서 헤어나오지는 못한다.

울적한 사람들의 약 10% 정도는 심각한 내인성 우울증으로 고통을 받는다. 이런 상태에 있는 많은 사람들은 매사에 정상적인 행동을 하지 못한다. 이런 사람들은 제대로 옷을 갈아입지도 않은 채 침대나 집안 이곳저곳에 누워서 지낸다. 그들은 정상적인 삶을 포기한다.

수면장애: 어젯밤에도 잠을 자지 못했어요!

잠을 이루지 못하는 것은 우울증의 가장 일반적인 증상 중 하나다.

어떤 사람들은 내내 잠만 자려고 하는 증세도 보이지만 사실은 불면증이 더 흔하다. 초기 불면증은 잠들기가 어려운 경우이다(입면장애). 그러나 우울증은 조기각성형 불면증인 경우가 더 많다. 극도로 피곤해서 잠이 들었다가 곧 다시 깨서 잠들지 못하는 것이다. 잠을 이루지 못하는 것은 우울증의 증상이지만 동시에 사람들이 우울증에서 헤어나지 못하도록 증상을 악화시키는 작용도 한다. 잠이 부족한 사람은 다음날 활력이 부족하여 다시 고통을 받기 때문이다.

시편 77편은 하나님께 울부짖는 사람이 도움을 구하는 내용이다(7-9절을 보라). 그런 상태에서 그는 "내가 하나님을 생각하고 불안하여 근심하니 내 심령이 상하도다(셀라) 주께서 나로 눈을 붙이지 못하게 하시니 내가 괴로워 말할 수 없나이다"(3-4절)라고 말한다. 하나님에 대한 믿음이 진실이 아니어서 희망이 사라졌고 그 결과는 불면증과 말조차 할 수 없는 무기력이었다. 이것이 우울증이다.

활동 부진: 귀찮아요!

우울해지면 의미 있는 활동에 참여하기가 싫어지고 인생에 대한 관심과 끝까지 버티려는 의지가 부족해진다. 고통을 겪는 사람은 감정과 육체의 기력이 부족하여 일상적인 활동을 지속할 수 없고 성과가 저하되기도 한다. 하나님이 멀리 있는 것처럼 느껴지기 때문에 기도하기도 힘들다. 피아노나 다른 악기 연주를 즐기던 사람이라도 더 이상 악기가 휴식을 주거나 만족을 주지 않게 된다. 안타깝게도 자기표현의 욕구나 공동체에 참여하고 싶은 욕구가 채워지지 않기 때문에 우울증은 더 심해진다.

성적 욕구의 저하: 오늘 밤은 싫어요!

우울할 때는 성적인 관심이나 욕구도 줄어드는 경우가 더러 있다. 이러한 성적 욕구의 상실과 함께, 혼자 있고 싶다는 생각, 자신이 무가치하다는 느낌, 외모에 대한 열등감, 자발성의 상실, 무관심 등과 같은 증상이 나타난다. 우울한 감정 상태는 보통 인간관계에 문제를 일으키고 따라서 친해지려는 마음을 위축시킨다.

신체 이상: 온 몸이 아파요!

우울한 사람들은 대개 두통이나 복통, 요통과 같은 신체의 아픔이나 통증을 호소한다. 이런 통증은 때로는 매우 심각할 수도 있다. 우울증으로 인한 두통은 흔히 나타나는데 편두통과는 달리 감각이 둔해지면서 머리 전체가 지끈대는 통증이 목 쪽으로 내려가는 것 같은 느낌이 든다. 우울증에 빠졌을 때 다윗은 "내가 아프고 심히 구부러졌으며 종일토록 슬픈 중에 다니나이다 내 허리에 열기가 가득하고 내 살에 성한 곳이 없나이다"(시 38:6-7)라고 했다.

식욕 감퇴: 배고프지 않아요!

우울증은 종종 식욕 저하를 동반하기도 한다. 우울증에 빠져 있는 동안에는 소화 부진이나 변비, 설사로 인해 체중 감소가 일어난다. 거식증이 있는 사람들은 대개 우울증도 함께 보인다. 그렇지만 반대로 우울증의 증상으로 식욕 증가와 식탐이 나타나는 경우도

20%에 달한다.

우울증의 정신적이고 감정적인 증상들

우울증의 가장 확실한 증상은 감정에서 드러난다. 물론 심각한 우울증에서 경미한 우울증까지의 정신적 상태를 판단하는 도표도 있지만 사람이 무엇을 생각하고 믿느냐 하는 것이 우울증의 잠재 원인이라는 점을 기억해야 한다. 우울증에 걸린 사람들이 일반적으로 느끼는 감정과 이에 따른 정신 상태를 살펴보자.

슬픔: 끔찍해요!

우울증의 가장 큰 특징은 깊은 슬픔이다. 우울한 기분은 슬금슬금 천천히 스며들어 영혼을 무겁게 한다. 오랫동안 생각에 빠져 있거나 우는 것은 낙담한 사람들의 공통적인 현상이다. 어떤 사람은 끊임없이 흐르는 눈물을 스스로 조절하지 못한다. 우울은 성령의 열매인 기쁨과 정반대다. "마음의 즐거움은 얼굴을 빛나게 하여도 마음의 근심은 심령을 상하게 하느니라"(잠 15:13).

절망: 희망이 없어요!

절망은 희망의 부재不在다. 절망이란 긴 터널 끝에 빛이 보이지 않는 것이고 긴 하루를 마치면서 희망이 없는 것이며 우울한 마음을 더욱 어지럽히는 끊임없는 질문에 아무런 답도 주어지지 않는 것이다. 이에 시편 기자는 세 번이나 부르짖는다. "내 영혼아 네가 어찌하여 낙망하며 어찌하여 내 속에서 불안하여 하는고 너는 하나님을 바라라 그 얼굴의 도우심을 인하여 내가 오히려 찬송하리로다 …… 나는 내 얼굴을 도우시는 내 하나님을 오히려 찬송하리로다"(시 42:5-11, 43:5을 보라). 희망이란 미래에 좋은 일이 있으리라는 현재의 확신이다. 시편 기자는 자신의 희망이 어디에 있는지 알았다. 제레미 테일러Jeremy Taylor는 "나의 도움이 전능자시라는 것을 기억하는 사람은 절망할 수 없다"2고 말한다. 하지만 문제는 우울증이란 병이 정상적인 기억 과정을 방해한다는 것이다.

과민과 욕구불만 내성 저하: 나는 참을 만큼 참았어요!

우울한 사람들은 감정적인 여력이 거의 없다. 조그만 일에도 짜증을 내며 욕구불만이 되기 쉽다. 그들은 삶의 압박들을 견딜 여력이 별로 없다. 한 여인은 "오늘 하루 살아남느냐가 문제인데 어떻게 내일을 계획할 수 있겠어요?"라고 말했다.

고립과 위축: 내 방에 들어갈래요!

존 그레이John Gray는, 남자는 동굴을 찾아 들어가고 여자는 우물 속에 들어간다고 했다.3 남자는 여자보다 고립되려는 경향이 더 강하나 남자가 동굴에서 보내는 시간은 여자가 우물 속에서 보내는 시간보다 짧다. 대개 남자는 여자보다 자기 모습을 의식하지 않고 또 자기 성찰도 깊지 못하다. 많은 남자들이 동굴로 들어가서 상처를 핥다가 동굴 밖으로 나와서는 아무 일도 없다는 듯이 행동한다. 어떤 남자들은 자신의 속을 드러내길 어려워한다. 그런 남자들은 자신의 고통을 덮어버리기 위하여 일을 하거나 나쁜 짓을 한다. 그 결과로 일 중독이나 알코올 중독이 되기 쉽다.

우울증으로 고통 받는 사람들은 다른 사람들로부터 멀어진다. 기분이 너무 처진 상태로 다른 사람들과 함께 있는 것이 부끄럽고 모임의 흥을 깨는 사람이 되거나 다른 사람들까지 우울하게 만들고 싶지 않은 것이다. 때로는 고립이 단기간의 해결책처럼 보이기도 하지만 이렇게 회피해 버리는 미봉책은 우울증을 악화시키는 원인이 된다.

부정적 사고방식
: 아무것도 되는 일이 없어, 난 실패한 인생이야!

일반적으로 우울한 사람은 생각하고 집중하는 것을 어려워한다. 끊임없이 변하는 마음 때문에 정신의 평화를 빼앗긴다. 물이 가장 낮은 곳을 찾아 흘러가듯이 우울증도 사람에게 침투하여 영혼을 적시고 창일하여 낙관주의를 수장水葬한다. 이런 사람은 문제점을 발견하고 최악을 생각하고 실패를 예상하고 실수를 찾아내고 약점에 집중하는 것이 훨씬 쉬운 것 같다. 첫째로, 우울한 사람은 자신의 긍정적이고 좋은 점에 대해 믿는 것을 어려워한다. 자신이 무가치하다는 느낌은 스스로를 파괴하는 생각이 뿌리내리기에 좋은 토양이 된다. 이는 죄의식을 불러 일으켜 비이성적이고 비상식적으로 만들고 때로는 망상에 빠지게 한다. 둘째, 그들은 미래에 대해 긍정적으로 생각할 수가 없다. 우울한 사람들은 내일에 대한 염려를 떨쳐버리지 못한다. 그들은 내일을 기대하는 것이 아니라 두려

위한다. 셋째, 자신이 속한 환경을 부정적으로 해석한다. 이 세 가지는 인지요법 치료사들이 환자에게서 반복적으로 발견하는 우울증의 주요 증상이다.

자살에 대한 생각
: 내가 죽으면 모든 사람들이 편해질 거야!

우울증에 빠진 사람들의 슬픔, 고립, 기력 상실, 뒤틀린 인간관계와 육체적인 문제들은 자기 자신과 미래를 바라보는 시각을 오염시킨다. 스스로를 무기력하고 절망적이라고 믿게 되면 많은 이들이 그 상황을 벗어날 탈출구로 자살을 생각하기 시작한다.

우울한 상태에서는 자기 자신에게 몰두하게 된다. 정신적 소진 상태에 있는 사람들은 자신을 부정적으로 생각하는 데 몰두한 나머지 다른 사람을 생각하지 않는다. 그들은 더 이상 나쁜 소식을 듣기 싫어하고 더 이상 책임지는 것을 싫어한다. 비참함, 수치심, 슬픔, 죄의식 등을 보인다.

시편 38편에서 다윗은 위에 나열한 거의 모든 우울증의 증상들을 표현하고 있다.

- 신체 이상(3절을 보라)
- 죄의식과 절망(4절을 보라)
- 과민, 욕구불만 내성 저하, 식욕 감퇴, 슬픔(5-8절을 보라)
- 기력 저하와 활동 부진(10절을 보라)
- 고립과 위축(11절을 보라)

- 부정적인 생각(12절을 보라)
- 자살에 대한 생각(17절을 보라)

이 시편에서 다윗은 무력하고 소망 없는helpless and hopeless 상태에서 회복하기 위한 두 가지 핵심 단어를 이야기하는데 그것은 "바람hope"과 "도움help"이다. "여호와여 내가 주를 바랐사오니"(15절), 그리고 "속히 나를 도우소서 주 나의 구원이시여"(22절).

우울증의 진단

여기 제시한 질문들은 우울증의 여부를 판단하기 위해 사용할 수도 있고 상태가 심각한지 혹은 경미한지를 판정하는 데 사용할 수도 있다. 자기 자신 혹은 마음에 걸리는 사람을 정하여 그의 상태를 가장 잘 설명해 주는 번호에 표시하면 된다. 예를 들어 첫 번째 질문에 대해서는 항상 지쳐 있다면 1번에, 기운이 많은 사람은 5번에, 높거나 낮지도 않은 보통이라면 3번에 표시하면 된다. 몇몇 경미한 우울증은 일시적인 문제나 우울한 상황이 몇 시간 혹은 며칠간 지속될 때 나타나기도 하는데 그런 사건들은 결과를 일시적으로 왜곡할 수 있으므로 그냥 지나가게 하는 것이 좋다. 그런 시기가 지나가도록 얼마간 기다린 후 평상시 상태에서 점검하는 것이 더 좋은 결과를 얻는 방법이다.

평가기준

1. 무기력하다	1	2	3	4	5	활력이 넘친다
2. 불면증이거나 과다 수면증이다	1	2	3	4	5	잠을 잘 잔다
3. 활동에 참여하고픈 의욕이 없다	1	2	3	4	5	활동에 적극 참여한다
4. 성적 욕구가 없다	1	2	3	4	5	건강한 성적 욕구가 있다
5. 여기저기가 쑤시고 아프다	1	2	3	4	5	몸이 아주 좋다
6. 식욕이 없다	1	2	3	4	5	식사를 즐긴다
7. 슬프고 눈물이 난다	1	2	3	4	5	즐겁다
8. 절망적이고 희망이 없다	1	2	3	4	5	희망적이고 자신이 있다
9. 과민하거나 불만을 못 참는다	1	2	3	4	5	유쾌하고 불만을 잘 참는다
10. 인간관계가 위축되어 있다	1	2	3	4	5	인간관계가 원만하다
11. 정신적으로 괴롭다	1	2	3	4	5	마음이 평화롭다
12. 자존감이 낮다	1	2	3	4	5	자존감이 높다
13. 미래에 대해 비관한다	1	2	3	4	5	미래에 대해 낙관한다
14. 대부분의 환경을 부정적이고 해로운 것으로 여긴다	1	2	3	4	5	대부분의 환경을 긍정적이고 성장할 기회로 여긴다
15. 자기 파괴적이다('내가 여기 없는 것이 나나 다른 사람들에게 모두 좋을 텐데.')	1	2	3	4	5	자기 보호적이다('내가 여기 있다는 게 기뻐.')

해석

각 항목에 표시한 숫자를 모두 더한 총 점수 : _____

총 점수가
  45-75점이라면 우울증이 아닐 가능성이 높다.
  35-44점이라면 경미한 우울증이다.
  25-34점이라면 우울증이다.
  15-24점이라면 심각한 우울증이다.

우울한 정도에 따라 경미한 상태에서 심각한 상태까지 단계가 나누어져 있다. 경미한 우울증은 삶의 기복에 따라 누구나 경험할 수 있다. 이러한 감정의 동요는 일반적으로 건강 상태나 정신적 태도, 또는 타락한 세상에 살면서 받게 되는 외부의 압박과 관련이 있다. 경험에 비추어 보면 30-45점에 해당하는 사람들은 스스로 극복할 수 있으며 이 책의 내용을 따른다면 혼자서 우울증을 이겨 내는 데 도움이 될 것이다. 30점보다 낮은 점수를 기록한 사람은 신실한 목회자나 기독교 상담가를 찾아가 도움을 받아야 하고 내인성인 경우에는 의사의 도움을 받아야 한다(2장을 보라). 그런 사람들은 자신의 갈등을 해결하기 위해서 누군가 다른 사람의 객관적인 도움을 받아야 한다.

표시등

우리의 감정은 무엇인가? 감정과 마음의 관계는 감각과 몸의 관계와 같다. 만일 누가 고통의 감각을 없앨 수 있는 능력을 가지고 있어서 우리를 모든 고통에서 해방시켜준다고 가정해 보자. 이 선물을 받을 것인가? 솔깃한 제안이기는 하지만 만일 이 선물을 받아서 고통을 느낄 수 없게 된다면 우리 몸은 몇 주 못 가서 온통 상처로 뒤덮일 것이다. 고통을 느끼는 것은 세상의 나쁜 것들로부터 우리를 지키는 보호 장치기 때문이다. 마찬가지로 우울증은 무엇인가 잘못되었다는 신호다.

감정은 자동차 계기판에 있는 표시등과 같다. 표시등이 깜박일 때 우리가 선택할 수 있는 가능성은 세 가지다. 첫 번째는 표시등 위에 두꺼운 테이프를 붙여버리고 경고를 무시하는 것이다. 이것을 억제라고 하는데, 이 선택은 옳지 않다는 것이 곧 드러날 것이다. 마찬가지로 감정을 감춰서 다른 사람들이 보기에 문제가 없는 것처럼 하는 것은 정직하지 않다.

두 번째는 망치를 들고 표시등을 깨버리는 것이다. 이렇게 무분별하게 감정을 표현하는 것은 자신의 정신 건강을 위해서는 좋을지 몰라도 다른 사람을 배려하지 않는 나쁜 행동이다. 우리의 마음을 드러내거나 모든 사람들에게 감정을 표현할 때는 아주 조심해야 한다. 내 상한 감정을 억제하면 자신이 위축되고, 감정을 폭발하면 주위 사람들이 떠나간다.

세 번째는 자동차의 덮개를 열고 그 아래 숨겨진 원인을 찾는 것이다. 그 원인을 찾아서 그것을 인정한다. 다시 말해 우리가 어떻게 느끼는지에 대해서 정직해지면 원인을 해결할 수 있고 하나님과 다른 사람들 사이에서 조화를 이루며 살 수 있다. 여러분이 우울증의 원인과 치료방법을 찾기 위해서 문제를 확인하는 데 이 책이 도움이 되기를 원한다.

02 뇌신경 화학작용의 이해와 마음의 평안

| Understanding Brain Chemistry and Finding Relief |

아이디어와 실행의 끝없는 반복,
끝없는 발명, 끝없는 실험,
활동에는 능하지만, 정지할 줄은 모르는,
떠들기는 잘하지만, 침묵은 모르는 세대,
말에는 해박하지만, 말씀에는 무지한 세대,
우리의 모든 지식은 무식을 향하고,
우리의 모든 무식은 죽음을 향하고,
죽음에 가까이 가면서도 하나님께 가까이 가지는 못하는구나.
살면서 잃어버린 우리의 생명은 어디 있는가?
지식의 홍수 가운데 잃어버린 우리의 지혜는 어디 있는가?
정보의 홍수 가운데 잃어버린 지식은 어디 있는가?
20세기의 천국 이야기는
우리를 하나님에게서 더욱 멀어지게 하고
우리를 세속으로 더 가까이 이끌어 가는구나.

T. S. 엘리엇

집적회로의 발전과 소프트웨어의 단순화로 20세기 말에 이르러서는 지식의 깊이가 2년 6개월마다 배가하고 있다. 만일 과학자들과 의사들이 뇌신경 화학작용과 신경계의 기능에 대해서 이전에 비해 훨씬 많이 알게 되었다면 왜 지난 10년간 우울증 치료를 받으려는 사람의 수는 오히려 거의 2배로 증가했는가? 우울증에 대해 신경학적 설명 외에 다른 것이 더 있는가? 우리의 소망은 이제 하나님에서 과학으로 옮겨 가버렸는가? 우리는 '하나님과 과학'을 함께 고려하기보다 '하나님이냐 과학이냐'를 따지게 되었는가?

과학과 계시는 상충하는 것이 아니다. 하나님은 만물의 창조자시며 세상의 확고한 질서를 정하신 분이다. 과학이라는 학문을 통해서 인류는 하나님의 창조 세계를 경험적인 연구 방법으로 배우게 되었다. 이것을 일반 계시라고 한다. 하나님은 우리가 특별 계시의 격자를 통해 세상을 관찰하고 해석하기를 원하시는데 이 특별 계시는 바로 하나님의 말씀이다. 50년 전의 과학 서적은 오늘의 기준으로 본다면 오류가 더러 발견될 테지만 하나님의 말씀은 결코 변하지 않는다. 이 세상과 그 구성원을 이해하는 현재 우리의 지식에 대해 50년 후의 과학자들이 어떻게 평가할지도 우리는 알 수 없다.

하나님 안에서 우리가 가지고 있는 희망은 자연과학과 양립할 수 없는 것이 아니다. 과학의 발전은 하나님의 위엄을 축소시키지 않으며 하나님의 계시와 충돌하지도 않는다. 우리는 인류의 고통을 덜어주는 의학의 발전에 감사한다.

놀라운 창조

하나님은 흙으로 아담을 지으시고 생기를 불어넣으셨다. 이와 같이 거듭난 하나님의 모든 자녀는 생령과 흙의 조합이다. 우리는 겉사람과 속사람 곧 물질적인 부분과 비물질적인 부분을 동시에 갖도록 설계되었다. 인간의 물질적인 혹은 육적인 부분은 오감을 통해서 외부 세계와 연결되어 있다. 속사람은 마음과 영혼을 통해서 하나님과 연결되어 있다. 신이 주신 본능이 지배하는 동물계와는 달리 우리는 생각하고 느끼며 선택할 수 있는 능력을 가지고 있다.

우리를 "지으심이 신묘막측"(시 139:14)하다고 했는데 이는 하나님이 겉사람과 속사람을 그림 2.1에서 보는 것과 같이 서로 연관되게 지으셨다고 해야만 이해할 수 있는 부분이다.

그림 2.1

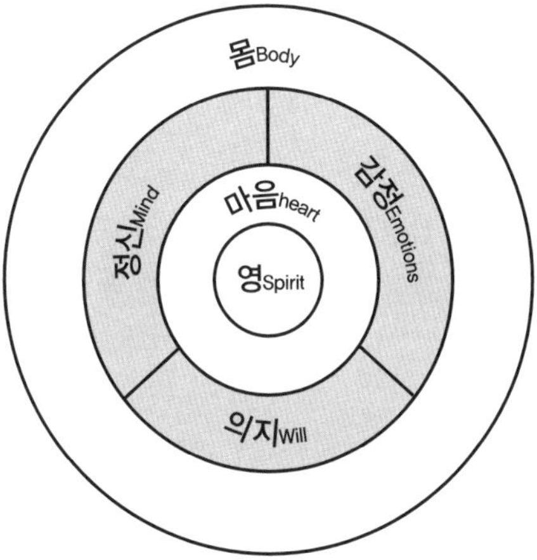

- 몸 Body
- 정신 Mind
- 감정 Emotions
- 마음 heart
- 영 Spirit
- 의지 Will

정신과 뇌가 상호 연관되어 있다는 것은 분명하지만 둘 사이에는 근본적인 차이점이 존재한다. 뇌는 육체인 몸에 속한 부분이지만 정신은 영혼 혹은 속사람에 속한 부분이다. 정신과 뇌 사이에서 일어나는 작용 관계를 보여주는 훌륭한 비유가 하나 있다. 컴퓨터의 모든 동작은 두 가지의 독립 요소로 구성되는데, 바로 하드웨어와 소프트웨어다. 이 둘이 함께 작용하여 복잡하고 정밀한 컴퓨터 시스템을 구축한다. 이 비유에서 하드웨어(컴퓨터 본체)가 바로 뇌에 해당한다.

수백만 개의 트랜지스터를 통해 모든 정보를 0과 1로 이루어진 이진수로 변환하는 컴퓨터와 우리의 뇌 기능은 매우 유사하게 작동한다. 집적회로의 소형화로 이제는 연습장만 한 컴퓨터에 엄청난 양의 자료를 저장하고 정리할 수 있게 되었다. 하지만 지금 우리가 이 책을 읽는 것처럼 복잡한 일을 컴퓨터가 할 수 있도록 만드는 것은 아직 인류에게 머나먼 이야기다. 컴퓨터는 기계적으로 작동하지만 우리의 뇌는 대략 1천억 개의 뉴런(neuron, 신경세포)으로 구성되어 있는 살아 있는 유기체다. 각각의 뉴런 역시 살아 있는 유기체로 그 자체가 초소형 컴퓨터다. 그림 2.2에서 보는 것과 같이 뉴런은 한 개의 신경세포체와 한 개의 축색돌기, 그리고 여러 개의 수상돌기(뇌세포에 정보를 받아들이는 매개체)로 구성되어 있다.

그림 2.2   뉴런

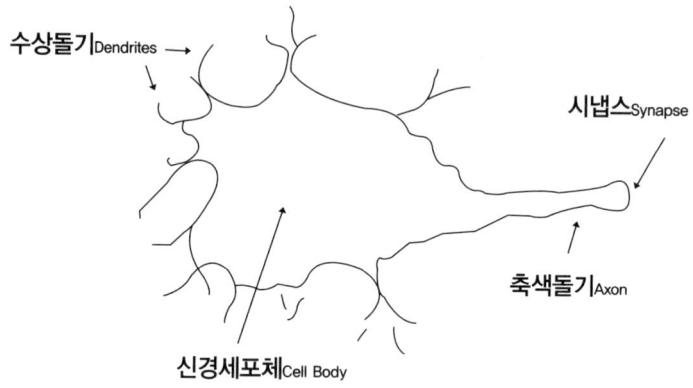

각 뇌세포는 여러 개의 입력선(수상돌기)과 다른 세포에 신경전달물질을 내보내는 한 개의 출력선(축색돌기)을 가지고 있다. 세포는 이 출력선을 따라 전기화학적 신호를 전달하기 때문에 절연을 위해 수초myelin sheath라는 물질이 축색돌기를 감싸 보호하고 있다.

각각의 뉴런은 수만 개의 다른 뉴런과 연결되어 있다. 1천억 개의 뉴런이 있다고 생각할 때 가능한 조합의 수는 상상할 수 없을 만한 천문학적 숫자다. 한 뉴런의 축색돌기와 다른 뉴런의 수상돌기 사이에는 시냅스라고 하는 접합부가 있다. 각각의 뇌세포는 수상돌기를 통해 받아들인 정보를 처리하고 통합하여 다른 신경세포로 전달한다.

신경전달물질은 축색돌기에서 생성된다. 세포에서 받아들인 신호가 축색돌기에 도달하면 축색돌기는 신경전달물질을 내보내 시냅스를 통해 다른 수상돌기로 전달한다. 도파민과 세로토닌은 대략 40종의 신경전달물질 중에서도 가장 잘 알려져 있으며 우리가 다루는 우울증과도 관련이 많다. 우리 몸 안의 세로토닌 중 뇌에 존재하는 것은 5%뿐이다. 나머지는 체내 신경계를 돌아다니고 있다. 이런 기본적인 해부구조를 설명하는 목적은 내인성 우울증의 원인과 치료방법을 이해하는 데 필요하기 때문이다.

양극성 기분장애

우울증은 양극성과 단극성으로 구분된다. 양극성 혹은 조울장애는 들뜬 조증과 우울한 울증의 두 극점을 갖는다. 조증의 증상은 활력이 높아지고, 스스로의 힘과 능력에 대해서 비현실적이고 과장된 자신감을 보이며, 아이디어와 생각이 물밀듯 나오고 판단력이 약해지고 말수가 늘며, 사회적인 활동이 많아지고 극단적인 자아도취에 빠지고, 충동적이고 인내심과 집중력이 약해지고, 역겨운 행동을 하거나 남을 배려하지 않거나 짜증나게 하고, 술이나 약물을 남용하는 것 등이 있다. 편집증, 과대망상, 정신병적 생각도 할 수 있다. 현재 추정하기로는 성인 인구의 0.5-1% 가량이 조울증으로 고통 받고 있으며 이는 1백만 명에서 2백만 명에 이르는 미국 인구가 우울증의 고통을 겪었거나 겪게 될 것이라는 의미다.1 양극성 장애는 남성과 여성 모두에게 광범위하게 나타나며 일시적인 경우도 있지만 대개는 주기적으로 재발한다. 조울장애 병력을 가진 약 400명의 환자를 대상으로 1973년에 행한 한 연구에서 재발하지 않은 사람은 두 명뿐이었다.2

이 분야의 뛰어난 전문가인 케이 재미슨Kay Jamison은 그 자신이 조울증에 걸린 적이 있는데 예술이나 창조성이 광기(조증)와 어떤 관계가 있는지를 보여주는 흥미로운 책을 썼다.3 세계적으로 가장 창조적인 사람들 중에도 이 질환으로 고통 받은 사람들이 있다. 작가인 안데르센, 존 번연, 마크 트웨인으로 알려진 사무엘 클레멘스, 랄프 왈도 에머슨, 윌리엄 포크너*, 어니스트 헤밍웨이*, 허만 멜빌, 로버트 루이스 스티븐슨, 테네시 윌리엄스*, 버지니아 울프*, 톨스토이, 작곡가인 어빙 벌린*, 노엘 카워드, 스티븐 포스터, 헨델, 콜 포터, 슈만*, 차이코프스키, 미술가인 미켈란젤로, 빈센트 반 고흐* 등이 포함된다.

이름 뒤에 별 표시*가 있는 사람들은 요양시설이나 정신병원에 수용된 적이 있는 이들이며 그 중에서도 헤밍웨이, 울프, 고흐는 자살로 생을 마감했다. 재미슨 역시 자신의 자서전《조울병, 나는 이렇게 극복했다》에서 그 자신이 조증 상태에서 이룬 경이로운 연구 실적을 기록하고 있다.4 그는 리튬을 사용한 치료법이 큰 효과가 있기는 했지만 그와 함께 창의성과 생산성도 위축시켰으며 또한 약을 복용하는 것만으로는 부족했다고 한다. 그가 우울의 주기를 헤쳐 나가기 위해서는 객관적인 입장을 가진 다른 사람의 도움이 필요했다. 양극성 우울증으로 고통 받는 다른 많은 이들과 마찬가지로 그 역시 우울할 때는 너무나 힘들어서 자살만이 유일한 탈출구처럼 보였다. 톨스토이도 자신이 겪은 우울증의 골짜기를 다음과 같이 묘사했다.

자살에 대한 생각은 전에 내가 삶을 향상시키려는 생각이 자연스레 들었던 것처럼 너무나 자연스럽게 다가왔다. 이 생각은 아주 유혹적이었기 때문에 너무 섣불리 이 생각에 빠져들지 않기 위해서는 나 자신을 위해 잔꾀를 부려야 했다. 내 생각의 실타래를 푸는 데 전력을 다하고 싶다는 이유 때문에 조급하게 굴고 싶지는 않았다. 만일 내가 이 생각들을 다 해결할 수 없다면 그냥 이 생각들을 지니고 살면 된다고 스스로에게 말하곤 했다. 그렇게 해서 나는 운 좋은 사람이 되었고 매일 밤 혼자 자다가 목을 매어 죽지 못하도록 아예 내 방에서 밧줄을 치워버렸다. 사냥도 그만뒀는데 총으로 내 삶을 처리해 버리려는 유혹에 너무 쉽게 빠지지 않기 위해서였다. 니 지신이 무엇을 원하는지 알 수 없었다. 나는 삶이 두려웠다. 인생을 끝내 버리려고 애를 쓰면서도 한편으로는 삶을 통해 무엇인가를 얻고 싶어했다.

그러나 이런 상황이 나에게 일어난 것은 무엇을 보다라도 내가 완벽하게 행복한 사람이라고 생각할 수밖에 없는 때였다. 나는 50세도 채 되지 않았었고 나를 사랑하는 착하고 사랑스러운 아내와 착한 자녀들, 내가 수고하지 않아도 불어나는 재산과 땅, 나는 모든 것을 소유하고 있었다. 그 어느 때보다도 친구들과 주변 사람들은 나를 존경했고 모르는 사람들도 나를 칭송했으며 내가 유명하다는 것은 사실이었으며 전혀 내 착각이 아니었다.[5]

톨스토이의 경우를 보면 내인성 우울증은 외부 환경과는 거의 상관이 없을 수도 있다. 나중에 살펴보겠지만 이 경우는 정신적이고 육체적인 싸움이거나 어쩌면 마음속에서 일어나는 영적 전투일 수도 있다. 뇌세포를 통해 메시지를 전달하기 위해서는 나트륨 이온(Na^+)과 염화 이온(Cl^-) 사이의 일정한 균형이 필요하다.

양극성 질환인 경우 양이온과 음이온의 균형과 극성이 비정상적으로 나타난다. 우울증일 경우 나트륨 이온은 정상보다 50% 가량 증가하는데 조증이 함께 나타나는 조울증 상태에서는 200%까지 늘어난다. 양극성 우울증에 대한 치료약으로는 불활성 염류인 탄산리튬이 쓰이는데 이 약은 나트륨 이온과 염화 이온을 감소시킨다. 이들 이온은 하나의 세포에서 다른 신경세포로 정보를 전달하는 역할을 한다.

단극성 우울증

단극성 우울증은 거의 10%에 가까운 미국인들에게서 나타나며 계속 증가하는 것으로 나타난다. 단극성 우울증은 조증 없이 우울증만 지속하는 상태다. 1970년대 후반에 이루어진 2건의 주요 연구에서 보면 우울증은 지난 한 세기 동안 10배로 증가하였다![6] 앞서 언급한 대로 1980년대 중반 이후로 우울증의 진단 건수는 거의 2배로 늘었다. 우울증이 이렇게 급증하는 것을 보고 전문가들은 '유행성 우울증'이 세계적으로 확산되고 있다고 말한다.

단극성 우울증의 **의약적인** 치료는 신경전달물질의 생성, 보존, 그리고 전달에 초점을 맞추고 있다. 초기 항우울증 치료제 중 일부는 모노아민 산화효소 억제제MAOI였다. 이 약물은 특정 신경전달물질을 파괴하는 모노아민 산화효소의 작용을 저해한다. 반면 차세대 치료제인 삼환계 항우울제tricyclic antidepressants의 목적은 신경전달물질의 생성 과정을 지속시키는 것이다. 현재는 세로토닌과 같이 기분을 전환시키는 신경전달물질의 생성을 자극하는 데 더욱 초점을 맞추고 있다. 항우울증 치료제의 일반적인 목적은 뇌가 정상적인 기능을 되찾게 하여 명쾌하게 생각하게 하고 몸의 기력이나 성적 욕구, 수면이나 여가 활동과 같이 삶을 의미 있게 하는 일들을 다시 시작하게 하는 것이다.

1950년대 항우울증 치료제가 출현한 것을 계기로 의사들은 뇌 화학 작용과 신경 생리학을 더 잘 이해하게 되었다. 하지만 우울증을 약이 필요한 신체적 장애로만 보는 것은 충분하지 않다. 우울증은 서로 분리할 수 없는 영, 육, 혼의 상호작용의 결과다. 만약 이 세 가지 요소가 모두 우울증의 발병에 일정 역할을 했다면 그 치료 방법에도 세 가지 요소가 관여해야 할 것이다. 그런데 사람들은 심각한 우울증에는 신체의 이상 유무 진단과 의료 검사만이 정당하다고 생각한다.

항우울증 치료제

항우울제와 항정신성 약물(혹은 정신신경안정제 등의 항불안제) 사이에는 큰 차이가 있다. 후자는 진정제일 뿐 치료 효과가 없다는 점이다. 이러한 약제는 마음을 안정시켜서 혼란스러운 생각이나 소리를 억제하고 끊임없는 복잡한 생각에서 벗어나 환자가 쉴 수 있게 한다. 그러나 항우울증 치료제는 일부 신경증을 치료할 수도 있다. 현재 사용되는 대부분의 항우울제는 부작용이 적고 습관성이 될 가능성이 적다.

세로토닌은 뇌의 많은 신경전달물질들 가운데 하나일 뿐이지만 가장 일반적으로 기분과 연결되는 물질이며 또한 가장 많이 연구된 물질이다.

> 세로토닌의 결핍 유무에 따라 우울증, 과도한 식욕과 강박장애뿐 아니라 자폐증, 신경성 과식증, 사회공포증, 월경전증후군, 불안과 공황, 편두통, 정신분열, 그리고 극도의 폭력성이 나타난다.[7]

어떤 항우울증 치료제는 세로토닌을 증가시키기도 하는데 세로토닌에 대한 임상 실험이 불가능하기 때문에 때로는 세로토닌 촉진제를 진단에 활용하기도 한다. 만일 4-6주에 걸쳐 촉진제를 사용한 환자의 상태가 개선된다면 의사는 세로토닌 결핍, 다시 말해서 화학불균형이라고 결론을 내릴 수 있다. 만일 아무런 변화가 일어나지 않는다면 세로토닌 수치는 정상이라고 판단할 것이다. 이 약물은 진정제와는 달리 자체적으로 기분을 전환시키는 효능이 없으며 필요한 경우에만 작용하기 때문에 다른 약물에 비해 상대적으로 안전하다. 세로토닌 촉진제를 과다 복용하는 것보다 아세트아미노펜(진통, 해열제)이나 이부프로펜과 같은 진통제를 과다 복용하는 것이 훨씬 위험한 행동이다.

이 약의 정확성이 떨어진다는 사실은 의사들도 인정하지만 세로토닌 촉진제는 우울증을 치료하는 주요 수단이다. 세로토닌 생성을 촉진시키는 약제는 현재 우울증에 대한 의사들의 일반적인 처방 중 약 65%를 차지한다. 의사들은 2천만 명에 달하는 미국인들에게 프로작(Prozac, 대표적인 세로토닌 촉진제)을 처방했고 60만 명이 넘는 어린이들이 현재 프로작을 복용하고 있다. 각자에게 맞는 세로토닌 약물을 선택하기 위해서는 의사의 도움을 받아야 한다. 많은 종류의 항우울제가 개발되어 있으므로 한 가지 약물로 원하는 결과를 얻지 못했다면 다른 약물을 시도해 볼 수 있다. 의사라고 해서 환자의 뇌화학 작용과 신경전달물질의 생성을 정확히 측정해낼 수 있는 방법은 없다. 일반적인 방법은 환자의 증상을 잘 판단하여 비슷한 증상을 가졌던 다른 환자들에게 도움이 되었던 약물을 처방하는 것이다. 현재 우리가 세로토닌에 대해서 얼마나 이해하고 있는지를 설명한 글이 보도된 바 있다.

여러 해에 걸친 연구를 통해 세로토닌에 대한 이해는 놀랄 만큼 진전되었지만 몸과 뇌의 기능에 영향을 미치는 복잡한 화학 조성이나 균형이 깨진 세로토닌 수치를 어떻게 조정할 것인지에 대한 이해는 시작 단계에 머물고 있다. 지금까지 인간의 뇌에 있는 세로토닌을 촉진하기 위해서 사용된 도구는 약리학적 실험이라는 무딘 도끼였는데 이는 수술용 메스와 같은 정확성은 없었다. 눈에 띄는 효과는 있지만 간접적인 피해를 입힐 가능성이 있다. 프린스턴 대학교의 신경과학자인 배리 제이콥스Barry Jacobs는 다음과 같이 말했다. "우리는 아직 뇌가 어떻게 작동하는지에 대해서 충분히 알지 못한다."[8]

세로토닌 촉진제는 뇌에 있는 신경전달물질을 통제하는 문을 열어주는 열쇠와 같다. 모든 사람이 서로 다른 자물쇠를 가지고 있기 때문에 맞는 열쇠를 찾을 때까지 여러 개의 열쇠를 시도해야 할지도 모른다. 열쇠가 처음에 맞을 확률은 70%뿐이다. 우울증에 처방되는 현대의 약물들을 간단히 살펴보자.

1. 선택적 세로토닌 재흡수 억제제

(Selective Serotonin Reuptake Inhibitor, SSRI)

SSRI는 널리 사용되고 있으며 복용이 용이하다. 일반적으로는 처음에 복용한 양을 계속 복용하게 된다. SSRI는 위에서 나열한 모든 종류의 세로토닌 결핍에 효과가 좋다. 이 약물을 복용하면 성적인 기능장애가 오거나 경우에 따라서 몸무게가 증가할 수도 있다. 일부 연구에서는 SSRI가 수면 방해를 일으킬 수도 있다는 사실이 드러났다. 의사에 따라서는 처음 한 주 동안은 환자의 몸이 적응할 수 있도록 일반적인 복용량의 절반에서 시작하는 것이 좋다고 하기도 한다. 최근의 연구에서는 이 약물이 이전에 생각했던 것만큼 선택적으로 작용하는 것은 아니라는 점이 드러나기도 했다. 특정한 신경전달물질을 자극하면 다른 신경전달물질의 감소를 동반할 수도 있는데 이는 뇌가 스스로 균형을 찾으려고 하기 때문이다.

① 프로작Prozac
프로작은 세로토닌계의 항우울제 중에서 가장 오래된 약물이다. 일반적으로 무기력증을 동반한 우울증에 효과가 좋다. 일부 환자에게는 수면장애를 일으킬 수 있다.

② 졸로프트Zoloft
졸로프트는 세로토닌 수치를 높이는 것 외에도 복용량을 늘리면 도파민이라는 신경전달물질의 생성도 촉진할 수 있다. 주의력결핍장애에도 사용된다. 일부 환자들에게는 장 기능의 부작용을 일으킬 수 있다.

③ 팍실Paxil
팍실은 대부분의 사람들에게 안정 효과를 나타내며 일부에게는 진정 효과가 나타난다. 팍실은 스트레스성 두통이나 과민성 장 증후군, 섬유조직염 같은 근육 관련 증상에 특별히 효과가 좋은 것으로 나타난다.

④ 루복스Luvox

루복스는 주로 강박장애에 사용되었지만 다른 세로토닌 결핍 증상에도 사용될 수 있다. 루복스는 다른 SSRI계 약물보다 약물 상호작용이 더 많은 편이다.

⑤ 렉사프로Lexapro

렉사프로는 가장 최근에 나온 SSRI인데 현재까지 알려진 바로는 가장 안전하고 문제가 적은 약물이다. 즉 부작용이 제일 적은 약물이다.

2. 비 SSRI계 항우울제

① 에펙서Effexor

에펙서는 소량 복용하면 세로토닌 수치를 높이고 평균량을 복용하면 부신분비호르몬 수치를 높이며 다량 복용하면 도파민 수치를 높인다. 이런 특성 때문에 에펙서는 주의력결핍장애나 근육 질환, 무기력증 환자들을 위한 좋은 치료약으로 사용된다. 에펙서는 SSRI계열에 비해서 성기능 장애를 일으킨다는 보고가 적다. 일부 환자에게는 수면장애를 일으키기도 하며 약물의 복용을 중단할 때는 부작용을 피하기 위해서 점차적으로 줄여나가야 한다.

② 세르존Serzone

세르존은 좀 더 자연스런 방법으로 세로토닌을 촉진한다. 도파민에 대한 작용은 없고 주로 안정 효과가 있다. 불안 증상이 있는 경우에 세르존을 선택하면 다른 약물보다 효과가 빨리 나타날 수 있다. 또한 이 약물은 수면에 영향을 미치지 않는다고 알려진 몇 안 되는 약물 중의 하나이다. 세르존은 성적 욕구나 체중에 영향을 미치지 않는다. 에펙서와 마찬가지로 이 약물은 적은 양에서 시작하여 몸이 적응할 수 있게 3-4주에 걸쳐 서서히 양을 증가시켜야 한다.

③ 레메론Remeron

레메론은 우울증을 위한 가장 완전한 약물에 속한다. 세로토닌과 부신수질호르몬의 생성을 유도한다. 진정 상태와 체중 증가가 주된 부작용이다.

④ 웰부트린Wellbutrin

웰부트린은 도파민 수치를 증진하는 방식으로 작용하며 주의력결핍장애나 중독 증세에 유용하다. 웰부트린은 최근에 자이반Zyban이라는 이름의 금연치료제로 판매되고 있다. 세르존과 마찬가지로 이 약물은 성적 욕구나 체중과는 상관이 없다. 하지만 일부에게는 수면장애를 일으킬 수 있다.

⑤ 리탈린Ritalin

리탈린은 주의력결핍장애의 치료제로 잘 알려져 있다. 이 약물은 도파민을 대체하는 방식으로 작용한다. 효과가 매우 신속하게 나타나는 리탈린이나 그와 비슷한 약물들은 기분을 전환시키지만 동시에 습관성이 될 가능성이 높다. 대체로 리탈린보다 안전하고 훨씬 더 효과적인 다른 약물이 많이 있으므로 리탈린 사용은 특별한 상황에서만 고려해야 한다.

세로토닌 촉진제를 복용할 때 피해야 하는 약물이 있는지는 의사와 상의하기 바란다. 이런 약물이나 그와 유사한 약물을 복용할 때 술은 무조건 피해야 한다. 만일 어떤 항우울제가 잘 듣는다면 최대 효과를 보기 위해 9-12개월 동안은 한 약물을 지속적으로 복용하는 것이 좋다.9 만일 처방약을 먹고 있다면 잊지 말고 주기적으로 의사의 검진을 받아야 한다. 의사가 모든 환자를 일일이 확인할 수는 없기 때문에 의사와의 검진은 환자 개인의 책임이다. 이 사실을 기억하라. 식품의약품관리청FDA에서 승인을 위해 검토하는 신약은 매년 25개가량이다. 이 일을 위해서 1,500명이 넘는 의사, 과학자, 독극물학자, 그리고 통계학자를 직원으로 고용하고 있다. 그렇지만 이미 시장에 나와 있는, 그래서 수백만 건씩 처방전이 발급되고 있는 3,000여 종 약물의 안전성을 감시하는 일은 단지 5명의 의사와 1명의 전염병 학자가 담당하고 있을 뿐이다.10 감시 간격이 길어지다 보니 사실상 거의 감시가 이루어지지 않고 있어서 전직 FDA 청장인 데이비드 케슬러David Kessler는 "심각한 사건(부작용) 중 단지 1%만이 FDA에 보고된다"고 이야기한 바 있다.11

만일 여러 달 동안 항우울제를 복용하다가 이제는 필요하지 않다고 느껴진다면 의사와 상의하여 약물에서 서서히 빠져나오도록 해야 한다. 너무 빨리 약물을 끊으면 우울증의 증상이 돌아오는 것을 경험하기도 하는데, 이는 너무 일찍 약을 끊었음을 보여주는 것이다. 물론 모든 경우에 그런 것은 아니다. 약을 끊었을 때 금단현상을 느낄 수도 있다. 금단현상은 약이 필요하다는 생각을 확신하게 하지만 실제로는 그렇지 않을 수도 있다.

전기충격 치료

충격요법이라고 흔히 알려진 전기충격요법electroconvulsive therapy, ECT은 약물에 반응을 보이지 않는 심각한 내인성 우울증 환자의 치료에 사용된다. ECT는 과거에 남용되었던 폐해에 대한 인식 때문에 정신질환의 치료방법 중에서 가장 많은 오해와 의심을 받는 방법이다. ECT는 작은 전기충격을 뇌에 가함으로써 자극이나 경련을 일으키는데, 환자에게는 근육이완제와 약한 마취제를 복용하게 하여 발작을 약하게 느끼도록 한다. 보통 환자들은 약간의 통증을 수반하는 경미한 기억상실증을 겪을 수 있고 부작용의 하나로 단기 기억상실이 발생할 수 있다. 이유는 알려지지 않았지만 ECT는 신경전달물질의 생성을 촉진하는 것으로 보인다. 이 방법은 때로는 항우울제보다 더 효과적이고 부작용이 적으면서도 더 빠르게 작용하지만 장기간 사용할 수 있는 방법은 아니다. 많은 의사들은 아직도 ECT를 최후의 수단으로 생각한다.

완전한 해결책

여기까지 읽으면서 적절한 약물을 복용하면 우울증이 쉽게 치료된다고 생각할지도 모르겠다. 하지만 애석하게도 그렇지 않다. 약물만 가지고는 우리의 환경을 바꾸거나 개인적이고 영적인 갈등들을 해결할 수 없다. 약물은 단지 필요한 프로그램이 원활하게 돌아갈 수 있도록 컴퓨터를 재시동시키는 역할만을 할 수 있을 뿐이다.

네바다 주립대학교 의대의 심리학자인 데이비드 안토누치오 David Antonuccio 박사와 동료들은 "알려진 것과 달리 그 심각성과는 상관없이 우울증을 치료하는 가장 강력한 방법은 심리치료 Psychotherapy"라는 사실을 연구를 통해 발견했다.12 최근 〈Consumer Reports〉도 비슷한 결론을 내렸다. 우울증 치료에서 약물과 상담의 효과에 대하여 실시한 대규모 조사에서 이 잡지 구독자 중 4,000명이 응답을 보내왔는데 이를 통해 소비자연맹 Consumers Union의 연구원들은 다음과 같은 결론을 내렸다. "심리치료 하나만으로도 심리치료와 프로작, 자낙스 같은 약물을 함께 복용한 것만큼의 효과가 있다. 약물만을 복용한 많은 사람들은 약물이 도움이 된다고 느꼈지만 동시에 부작용을 호소했다."13 그러나 주의할 점은 이렇게 일반 대중이 답안을 작성하는 방식으로 이루어진 조사에서는 결론이 왜곡되기 쉽고 타당한 연구결과가 도출되지 않을 수 있다는 점이다.

이러한 연구는 우울증의 원인에 대해 결정적인 질문을 제기한다. 다음 중 무엇이 우선인가? 부정적인 외부 환경, 인생에 대한 부정적인 판단, 하나님에 대한 불신앙, 혹은 화학적 불균형인가? 우울한 기분은 우리 몸에 생화학적 변화를 일으킨다. 하지만 생화학적인 변화가 우울증을 일으킨다고 말하는 것은 자동차의 배터리 때문에 시동이 걸리지 않는다고 단정하는 것만큼이나 허점이 많다. 원인을 찾기 위해서는 배터리가 고장 난 이유가 무엇인지, 시동이 걸리지 않는 다른 이유가 있지는 않은지 물어봐야 한다. 기름이 떨어진 것은 아닌지, 발전기가 고장 나거나 벨트가 망가지지는 않았는지, 전조등을 켠 채로 놔둔 것은 아닌지, 배터리가 오래되어서 수명이 다한 것은 아닌지 등의 질문도 해야 한다. 전조등을 켜 놓았기 때문이라면 점프케이블만으로도 시동을 걸 수 있다. 그러나 제대로 된 기술자라면 앞으로도 차를 잘 운행하도록 다른 원인들까지 확인해 볼 것이다.

항우울제가 우울한 사람의 기분을 좋게 만든다는 것에는 논란의 여지가 없다. 항우울제는 분명 기분을 좋게 하는 효과가 있다. 반면에 우울한 증상이 있을 때마다 약을 복용하는 것은 차에 시동이 걸리지 않을 때마다 점프해서 시동을 거는 것과 마찬가지다. 전체가 함께 기능하도록 차가 설계된 것처럼 우리도 그렇다. 항우울제를 3주가량 복용했다는 한 여성은 "성경에 있는 약속들이 나에게도 사실이라는 것을 지금까지는 몰랐습니다"라고 말했다. 그 후 약물의 적절한 사용을 통해 그는 책임감 있는 행동을 할 수 있게 되었다.

우울증 연구의 권위자인 마틴 셀리그만Martin Seligman은 우울증의 원인에 대해서 다음과 같이 말했다.

나는 지난 20년 동안 우울증의 원인이 무엇인지를 알아내려고 노력했는데 그 결과는 다음과 같다. 양극성 우울증 또는 조울증은 육체의 질병이며 그 원인이 생물학적이어서 약으로 통제할 수 있다. 마찬가지로 특별히 심각한 일부 단극성 우울증도 부분적으로는 생물학적인 원인을 가지고 있다. 일부 단극성 우울증은 유전일 수도 있다. 일란성 쌍둥이 중 한 명이 우울증일 때 다른 한 명도 우울증일 가능성은 이란성 쌍둥이의 경우보다 높다. 양극성인 경우에 비해 성공률이 낮기는 하지만 단극성 우울증도 약물로 통제가 가능하며 때로는 전기충격 치료로 증상이 개선되기도 한다.

유전적 단극성 우울증의 비율이 낮다는 사실은 우리에게 엄청난 숫자로 유행하는 우울증이 어디에서 시작된 것인지를 묻게 한다. 인류가 지난 한 세기 동안 겪은 신체적인 변화로 우울증에 더 취약해진 것인지 생각해 보았다. 아마도 그렇지는 않았을 것이다. 지난 2세대에 걸쳐서 우리의 뇌화학 작용이나 유전인자가 그렇게 급격하게 변화했다고는 믿기 어렵다. 그러므로 10배나 증가한 우울증을 생물학적인 기준으로 설명하기는 어려울 것이다.

내 생각에는 우리 모두에게 너무나 익숙한 이런 전염성 우울증은 심리적인 것으로 보는 것이 가장 타당해 보인다. 내가 보기에 대부분의 우울증은 살면서 생기는 문제들과 이러한 문제들을 생각하는 방법에서 시작하는 것 같다.[14]

우리는 대체로 셀리그만의 견해에 동의하지만 모든 심각한 단극성 우울증과 양극성 우울증이 단순히 신체의 질병이라는 점에는 동의하지 않는다. 물론 신체의 질병이 문제가 될 수 있고 심각한 경우에는 분명히 신체의 물리적, 화학적 불균형이 고려되어야 한다. 그러나 많은 심각한 우울증의 경우에서 우리는 영적인 부분이 분명히 있다는 사실과 이런 사실이 세상이나 교회에서 간과된다는 점을 발견했다(이 가능성에 대해서는 뒤에 다시 이야기하고자 한다.) 이 내용을 뒷받침하는 간증을 보자.

목사님의 세미나에 감사하며 이 글을 씁니다. 세미나가 시작하던 날 저는 조울증 때문에 다섯 번째로 병원에 입원을 하려던 참이었습니다. 저는 지난 2년간 이 문제와 싸워왔습니다. 여러 의사에게 진료를 받았고 가능한 모든 약물을 복용해 봤으며 전기충격요법도 받아보았습니다. 저는 자살을 시도한 적이 두 번 있습니다. 더 이상 일을 할 수 없는 상태가 되고서는 죽고 싶다는 생각을 하거나 자살할 궁리를 하면서 지하실에서 시간을 보냈습니다. 지하실은 사람들로부터 그리고 저를 둘러싼 세상으로부터 저를 지켜주기에 딱 맞는 장소이기도 했습니다. 저는 스스로를 학대하기도 했습니다. 30년 이상을 교도소나 구치소에서 보냈으며 약물 중독에 알코올 중독이었습니다. 약물과 알코올 중독 치료를 28번이나 받았습니다.

저는 몇 해 전에 그리스도인이 되었지만 여전히 패배하는 삶을 살았습니다. 다시 한 번 새로운 약물이나 충격치료를 시도하기 위해 병원으로 돌아가려던 저에게 아내와 친구들은 목사님의 세미나에 참석하는 것이 더 도움이 될 것이라며 설득했습니다. 물론 병원에서는 제게 의학적 치료가 필요하다고 생각했기 때문에 우려를 표했습니다. 수련회가 진행되는 4일 동안 제 머리가 맑아지기 시작했습니다! 혼란과 고통 가운데 있던 저에게 하나님의 말씀이 역사하기 시작했습니다. 저는 진행요원에게 이번이 저에게는 마지막 기회라고 말했습니다. 그는 저를 위해 상담 시간을 마련해 주었습니다.

상담은 7시간 동안 계속되었습니다. 그들은 저를 위해 최선을 다하고 있었습니다. 놀라운 시간이 흘러가다가 제 안의 분노와 용서하지 못한 응어리를 맞닥뜨렸습니다. 제 인생을 이끌어가는 세 가지 동력은 낮은 자존감과 분노, 그리고 쓴 뿌리였습니다. 이러한 것들은 어릴 때 한 사제로부터 받은 성적 학대와 어린 시절 여러 해에 걸친 육체적 학대와 언어폭력으로 입은 고통의 결과였습니다. 저는 이제 그들을 용서했고 하나님이 들어오셔서 제 우울증을 들어내 주셨다고 정직하게 말할 수 있습니다. 제 눈은 하나님의 진리를 향해 열려 있습니다. 제 마음은 그 어느 때보다 가볍습니다.

수련회가 끝나고 병원에 다시 입원한 지 이틀이 지났을 때 의사들이 와서 저에게 더 이상 병원에 있을 필요가 없다고 말했습니다. 그들은 제가 다른 사람이 되었다고 했습니다. 이제까지 그렇게 빨리 변한 환자를 본 적이 없었던 것입니다. 의사들은 "당신이 뭘 해서 이렇게 됐는지는 알 수 없지만 그 일을 계속 하십시오"라고 했습니다. 저는 주 안에서 하루하루 성장하고 있습니다. 그리스도를 만나기 전과 후의 변화된 이야기는 너무 많아서 끝도 없이 계속할 수 있습니다.

세상의 상담자들은 이런 류의 해결을 거의 경험하지 못한다. 너무나 많은 사람들이 오직 한 가지 원인에 대한 가능성만을 생각하고 오직 한 가지 해결책만을 고려하기 때문에 우울증에서 빠져나오지 못하고 있다. 어떤 그리스도인은 "제 담당 의사는 제 문제가 신경학적인 것이니 다른 이야기는 절대 믿지 말라고 했어요"라고 말했다. 아직은 자신에게 맞는 처방이 무엇인지 찾지 못했다는 점을 인정하면서도 이 여인은 결국 약이 효과가 있을 것이라는 강한 희망을 가지고 있었다. 여전히 우울하지만 그의 희망은 제대로 된 처방을 알아내는 것이었다. 그 교회의 다른 그리스도인은 "약물을 복용하는 것은 믿음이 부족하다는 증거예요"라고 말했다. 물론 그 사람은 한 번도 우울증을 경험해 본 적이 없는 사람일 것이다! 같은 교회에 다니는 두 사람이 어쩌면 그렇게 다른 의견을 가질 수 있는가?

하나님은 우리를 물질적이면서 영적인 세계에 살고 있는, 몸과 마음과 영을 가진 온전한 인간으로 대하신다. 컴퓨터의 예를 다시 생각해 보자. 뇌는 하드웨어를, 마음은 소프트웨어를 나타낸다. 서구 사회는 정신과 감정의 문제들을 기본적으로 하드웨어의 오류라고 간주하는 경향이 있다. 기질성 뇌 증후군이나 알츠하이머, 혹은 화학이나 호르몬의 불균형이 우리의 정상적인 생각과 행동을 방해할 수 있다는 사실에 대해서는 의문의 여지가 없다. 컴퓨터가 꺼져 있거나 고장 나 방치되어 있다면 아무리 좋은 프로그램이라도 작동하지 않을 것이다.

그러므로 신실한 목회자나 그리스도를 아는 상담자들이 육체가 아픈 사람들에게 의학적인 치료는 권하지 않으면서 도움을 주겠다고 하는 것은 비극이다. 반면에 의사들이 약물을 가지고 영, 혼, 육의 인간 전체를 치료할 수 있다고 생각하는 것 역시 비극이다. 육체를 치료하기 위해 약을 먹는 것은 당연한 일이지만 영을 치료하기 위해 약을 먹는 것은 개탄할 일이다. 다행히 대부분의 의사들은 의학의 한계를 알고 있다. 많은 의료 종사자들은 대부분의 환자들이 감정적인 이유와 영적인 이유 때문에 고통 받고 있다는 점(예를 들면 정신지체 질환들)을 인식하고 있다.

정신이나 감정의 문제를 대하면서 우리는 하드웨어가 주된 문제라고 생각하지 않는다. 우리는 소프트웨어가 문제라고 믿는다. 우리의 몸을 하나님께 산 제사로 드리고 선한 청지기가 되는 것 외에 하드웨어를 바꾸기 위해서 할 수 있는 것은 별로 없다. 하지만 소프트웨어는 완전히 바꿀 수 있다. 우리의 생화학 작용은 어떻게 생각하고 무엇을 믿을지 선택하는 것으로 바뀔 수 있다.

03 마 음 의 갈 등

| Mind Games |

> 두뇌의 이상한 연금술로 인하여 언제나 그의 즐거움은 고통으로, 그의 소박한 행동은 거친 욕망으로, 그의 재치는 정욕으로, 그의 포도주는 진노로 변하고 말았다. 그리하여, 젊고 어리석은 나는 우수(melancholy)와 사랑에 빠져버렸다.
>
> 에드가 앨런 포

짐은 완전히 녹초가 되어 패배한 모습으로 우리 사무실에 들어섰다. 심각한 우울증 때문에 그는 지난 6개월 동안 보훈 병원에 입원해 있었다. 그는 공무원으로서 정년이 얼마 남지 않은 상태였는데 정부에서는 고맙게도 그가 돌아올 때까지 그의 자리를 비워놓고 있었다. 하지만 정부의 그러한 배려는 오래가지 않을 것이며 그런 현실을 알기 때문에 그의 우울증은 악화되기만 했다.

남은 2년을 채우기만 하면 충분한 연금을 받을 수 있었고 그의 현재 재정 상태도 보통 사람들보다 훨씬 좋은 편이었다. 사실 그는 6개월 전에 주택 개발 사업에 상당한 금액을 투자했다가 완전히 실패했다. 당시만 해도 투자한 돈을 잃게 될지 어떨지 확실하지 않았지만 나쁜 소식을 듣는다면 그의 우울증이 더욱 악화되리라는 데는 의심의 여지가 없었다. 그 당시에 주로 어떤 생각을 했느냐고 물어보았다. "혼자 서재에 앉아 있으면 '넌 점점 더 어려워질 거야'라는 생각이 들었고, 그러면 어떻게 해야 할지 궁리하곤 했어요." 그리고 그는 그런 부정적인 생각을 믿었다! 하지만 그것은 사실이 아니었다. 그의 재정 상태는 다른 대부분의 사람들보다 훨씬 좋았다.

나는 그에게 문제를 해결하기 원하는지 묻고 〈그리스도 안의 자유에 이르는 단계〉라는 세미나에 참석하도록 권했다. 우리는 많은 문제들을 다뤘고 그는 '어려워질 것'이라는 거짓을 부정했다. 세 시간 후 짐은 내 앞에 평화롭게 앉아 있었고 여러 달 만에 처음 희망이라는 것을 발견하여 만끽하고 있었다. 이 급격한 변화를 어떻게 설명할 수 있을까? 이런 변화는 어떻게 지속되는가? 그렇게 하기 위해서는 우리의 몸(물질적인 겉사람)과 영혼(정신적인 속사람)이 어떻게 외부 세상과, 또 창조자와 함께 기능하는지를 이해해야 한다.

우리 속의 컴퓨터는 어떻게 프로그램되어 있나

우리가 그리스도 앞에 나오기 전에는 허물과 죄로 인하여 영적으로 죽어 있었다(엡 2:1을 보라). 다시 말해 육신은 살아 있어도 영적으로는 죽은 상태였다. 우리의 삶에는 하나님의 임재나 하나님의 방법에 대한 지식이 없었고 그 결과로 우리는 하나님과 관계없이 살아가는 방법을 배우게 되었다. 아주 오래 전부터 우리의 정신은 외부 세상의 프로그램을 받아들였다. 바로 이것이 거듭나지 않은 사람의 마음이 거짓되고 철저하게 병든 이유다(렘 17:9를 보라). 우리의 세계관과 삶에 대한 태도는 다음 두 가지의 성장 환경에 따라서 결정된다. (1) 성장한 집이나 뛰어놀던 동네, 친구들, 출석 교회 등과 같은 일상적인 경험과 (2) 가족의 죽음, 부모의 이혼, 또는 감정적, 성적, 육체적 학대와 같은 충격적인 경험이다. 좋은 기억이든 나쁜 기억이든 이런 충격적인 기억들은 반복을 통해서 혹은 그 경험의 강도에 따라서 오랜 시간이 지나도 우리의 정신에 깊이 남아 있게 된다.

우리는 자신과 주변 세계에 대해서 어떻게든 믿기로 하고 그 결정에 따라 삶을 살아간다. 사람들은 자신의 신념을 형성하고 바꾸고 강화하는 정보를 끊임없이 모으며 살고 있다는 사실을 우리는 잊고 살 때가 많다. 많은 사람들은 자신이 살고 있는 세상에서 어떤 영향을 받는지도 모른 채 별 생각 없이 느긋한 태도로 살아간다. 외부에서 얻는 정보는 문화에 따라 차이가 크다. 가치중립적인 문화란 존재하지 않는다. 우리 모두는 주위 환경에서 안전하고 건강한 정보를 받기도 하고 오염되고 타락한 외부의 자극을 받기도 한다. 이런 외부의 자극은 우리의 세계관과 자신에 대한 이해에 영향을 미친다. 우리의 신념체계는 긍정적 혹은 부정적인 정보와 경험을 어떻게 처리하느냐에 따라서 항상 변화한다. 불행하게도 우리가 얻는 모든 정보에는 그것이 생산적인지 비생산적인지, 선한지 악한지, 맞는지 틀린지를 알려주는 분명한 표시가 없다.

우리의 마음을 어떻게 다시 프로그램할 것인가

복음이 없다면 우리는 그저 우리의 과거들이 쌓여 만들어낸 결과물일 뿐이다. 에스겔은 하나님이 새 마음과 새 영을 주신다고 예언했다(겔 36:26을 보라). 우리가 거듭날 때 이 예언은 이루어진다. 우리는 그리스도 안에서 새로운 피조물이 되고(고후 5:17을 보라) 우리 존재의 중심에 그리스도의 마음을 갖게 된다(고전 2:16을 보라). 그럼에도 불구하고 왜 생각의 방식이 바뀌거나 기분이 좋아지지 않는 것일까? 우리 내부의 컴퓨터에 외부 세상의 프로그램이 여전히 남아 있어서 반복 실행되고 있기 때문이다. 이 프로그램에는 제거 기능이 없기 때문에 누구도 프로그램을 지울 수 없다. 우리의 정신이라는 컴퓨터에는 '삭제' 버튼이 없기 때문에 아예 새로운 프로그램을 넣어야만 한다. 세상의 거짓들은 진리인 하나님의 말씀으로 대체되어야 한다.

> 너희는 이 세대를 본받지 말고 오직 마음을 새롭게 함으로 변화를 받아 하나님의 선하시고 기뻐하시고 온전하신 뜻이 무엇인지 분별하도록 하라(롬 12:2).

우리는 주께로 나아오기 전까지 세상의 기준에 맞춰 살았으며 계속해서 세상의 영향을 받는다면 앞으로도 그렇게 살 것이다. 우리의 뇌는 지금도 세상으로부터 메시지를 받아들이고 우리 마음은 받은 메시지를 해석한다. 하지만 우리는 이제 완전히 새로운 입력을 받아들인다. "너희 안에 계신 그리스도시니 곧 영광의 소망이 니라"(골 1:27). 진리의 영이 우리를 모든 진리 가운데로 이끄실 것이고 진리가 우리를 자유롭게 할 것이다(요 8:32를 보라).

겉사람과 속사람이 어떻게 상호작용하는가

우리의 겉사람이 속사람과 어떻게 상호작용하는지 알아보자. 뇌와 척수는 중추신경계를 구성하고 중추신경계는 다시 말초신경계로 뻗어나간다(그림 3.1). 말초신경계에는 두 가지 계통이 있는데 자율신경계와 체성신경계가 그것이다. 체성신경계somatic nervous system는 말을 하거나 몸을 움직이는 등 우리의 근육과 뼈의 동작을 관장하는 것으로 우리의 의지로 조절할 수 있다. 체성신경계는 의지와 맞물려 작용한다. 우리는 생각하지 않고는 아무것도 하지 않는다.

그림 3.1

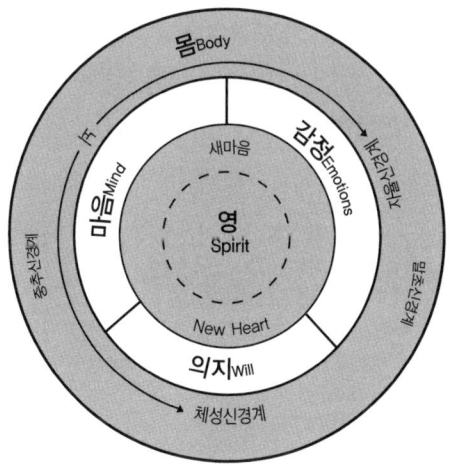

생각과 행동 사이에 일어나는 반응은 너무나 신속해서 그 과정을 인식조차 못하지만 이 과정은 언제나 분명히 존재한다. 파킨슨병(진전성 마비)의 경우와 같이 이 신경계에 문제가 생기면 의지와 상관없이 근육이 떨리거나 움직일 수 있다. 파킨슨병은 뇌에서 근육의 움직임을 통제하는 신경세포가 점진적으로 퇴화해서 발생하는 질병이다.

자율신경계autonomic nervous system는 신체 내부의 장기를 관할한다. 우리는 분비선을 자의로 통제하지 못한다. 분비선은 자동으로 기능하게 되어 있다. 일반적으로 우리는 감정도 의지적으로 통제하지 못한다. 기분이 좋아지거나 누군가를 억지로 좋아하려고 해도 우리 마음대로 할 수 없다. 하지만 생각하는 것은 조절이 가능하고 하나님의 말씀이 옳다는 것을 믿기로 결정할 수도 있다. 분비선이 중추신경계의 통제를 받는 것과 같이 우리의 감정은 기본적으로 생각의 산물이다. 우리가 어떻게 느끼는지를 결정하는 것은 환경이나 상황이 아니다. 일차적으로는 인생의 사건들을 어떻게 해석하는지(즉, 어떻게 생각하고 믿을지를 결정하는 것이다)와 이차적으로는 어떻게 행동하기로 선택하는지가 우리의 느낌을 결정한다. 외부의 자극과 감정의 반응 사이에는 자극을 수신하는 뇌와 그것을 해석하는 정신mind이 존재한다. 부정적인 외부 환경 자체는 우울증의 원인이 아니다. 그렇지만 그 환경을 성경적이지 않은 세계관으로 해석하면 우울해질 수 있다.

스트레스가 고통이 된다

위의 원칙을 스트레스의 문제에 적용해 보자. 외부의 압력이 우리의 신체에 무엇인가를 요구할 때 우리의 부신은 코티존 같은 호르몬을 방출하여 반응한다. 우리의 몸은 이렇게 자동으로 외부의 압력에 반응한다. 이것은 인생의 어려움에 대하여 '맞서거나 도피하는fight-or-flight' 자연스러운 반응이다. 압력이 너무 오래 지속되어 부신이 견디지 못하게 되면 스트레스는 고통이 된다. 그 결과 신체상의 질병이 생기거나, 스트레스가 적은 상황이었다면 육체적으로나 감정적으로 문제가 되지 않았을 일에도 짜증을 내게 된다.

왜 똑같은 스트레스 상황에 대하여 사람마다 다르게 반응하는가? 어떤 이들은 항복하고 주저앉아 버리는 어려운 상황을 또 다른 이들은 오히려 기회로 삼아 성공하기도 한다. 이들의 차이는 무엇인가? 그들은 더 우월한 부신 체제를 갖추었다는 말인가? 물론 신체적인 조건이 많이 다를 수도 있지만 더 중요한 차이는 마음에 있다. 스트레스의 강도를 결정하는 것은 단순히 외부 요인들만은 아니다. 마감시한, 일정, 심리적 충격, 유혹과 같은 부담에 직면하는 것은 누구나 마찬가지다. 차이를 만들어내는 것은 우리가 외부 세상을 어떻게 해석하고 뇌가 받아들인 정보를 이떻게 처리하느냐다.

우리의 마음은 승리의 확신을 가지고 하나님을 신뢰하기로 선택할 수도 있고 아니면 스스로를 주변 환경의 무력한 희생자로 보기로 선택할 수도 있다. 이스라엘 사람들은 골리앗을 자신들과 비교해 보고 낙심했지만 다윗은 하나님과 관련해 보고 승리했다. 하나님에 대한 우리의 믿음은 세상의 압력을 해석하고 반응하는 일에 큰 영향을 미친다.

부신이라는 기관이 아드레날린의 분비를 주도하는 것은 아니라는 점을 이해하자. 아드레날린의 분비는 반응으로서 일어나는 것이지 부신의 명령으로 일어나는 것이 아니다. 호르몬이 혈관 속으로 분비되기까지는 뇌가 외부 입력을 받아들여 기록하고 마음에서 그것을 해석하는 과정이 필요하다. 뇌 자체는 프로그램된 대로 기능할 뿐이다. 하나님은 우리가 생존을 위한 기본적인 프로그램을 갖고 태어나도록 지으셨다. 신생아가 젖을 빨아대는 본능이나 생명 유지를 위한 신체의 필수 기능 같은 것이 그것이다. 이런 선천적인 행동양식은 동물 세계가 신이 정해 놓은 본능으로 기능하는 것과 비슷하다.

또한 뇌가 기능하기 위해 선천적으로 혹은 자연적으로 생성되는 신경전달물질도 있는데 그렇지 않다면 유아기에 생명을 유지하는 것이 불가능할 것이다. 다시 말해 우리는 태어나는 순간부터 육체로 존재하도록 프로그램되어 있다. 우리는 살고 먹고 입고 안전과 피할 곳을 찾는 자연스러운 욕구와 의지를 갖고 있다. 우리의 마음속 프로그램이나 우리가 결정하는 생각의 방향이 뇌의 작용에 영향을 미칠 수 있을까? 만일 부신에서 분비되는 아드레날린이 우리가 어떤 생각을 하는지, 현실을 어떻게 받아들이는지에 영향을 받는다면 세로토닌이나 다른 신경전달물질들도 우리가 생각하고 믿는 것에 영향을 받을 것이다.

우리의 삶 가운데 하나님이 임재하시면 바로 그 순간 우리의 겉사람이나 속사람이 변화되는가? 우리가 거듭나는 순간에 어떤 신체상의 변화가 일어나는가? 컴퓨터를 생각해 보자. 새로운 프로그램을 설치하면 컴퓨터에 어떤 물리적인 변화가 일어날까? 컴퓨터를 구성하는 하드웨어에는 변함이 없지만 화면에는 다른 결과가 나타난다. 컴퓨터 내부의 전류 흐름이 바뀐 것이다. 우리도 뇌에 새로운 프로그램이 설치되면 다른 방식으로 살게 될까? 그렇다, 새로 프로그램된 우리의 눈은 진리를 향해 열릴 것이고 성령의 임재는 우리를 믿음으로 살 수 있게 할 것이다. 뇌를 구성하는 세포는 변한 것이 없지만 그 안을 흐르는 신경전달물질의 흐름은 분명 바뀔 것이다.

결국 하나님의 임재는 우리 육신에도 영향을 미친다고 할 수 있다. 바울은 "예수를 죽은 자 가운데서 살리신 이의 영이 너희 안에 거하시면 그리스도 예수를 죽은 자 가운데서 살리신 이가 너희 안에 거하시는 그의 영으로 말미암아 너희 죽을 몸도 살리시리라"(롬 8:11)고 말한다. 성경은 "오직 성령의 열매는 사랑(하나님의 성품)과 희락(우울증의 반대)과 화평(불안의 반대)과 오래 참음과 자비와 양선과 충성과 온유와 절제니 이 같은 것을 금지할 법이 없느니라"(갈 5:22-23)고 말하고 있는데, 이것은 우리가 성령과 동행할 때 확실히 드러난다. 초기 원인(진리의 영)과 최종 결과(자기 절제) 사이를 연결하는 것은 우리의 마음(정신)인데, 이 마음이 뇌를 통제하고 뇌는 분비선과 근육의 움직임을 통제하여 최종 결과에 이르는 것이다.

성경적 믿음이 완전함을 이룬다

"예수께서 집에 들어가시매 소경들이 나아오거늘 예수께서 이르시되 내가 능히 이 일 할 줄을 믿느냐 대답하되 주여 그러하오이다 하니 이에 예수께서 저희 눈을 만지시며 가라사대 너희 믿음대로 되라 하신대"(마 9:28-29). 눈먼 사람들은 믿기로 결심했고 그 결과 예수님의 외적 능력이 효력을 발하였다. 다시 말하면 주님은 그들의 믿음이라는 통로를 통해서 육체의 치유가 임하도록 결정하신 것이다. 이 사실은 삶의 모든 부분에서 동일하다. 우리는 믿음으로 말미암아 구원을 얻었고(엡 2:8을 보라) 믿음으로 말미암아 의롭게 되었으며(갈 3:3-5을 보라) 믿음으로 살며 행한다(고후 5:7을 보라). 하나님은 우리의 마음을 결코 무시하지 않으신다. 그분은 우리의 마음을 통해서 일하시며 우리는 마음을 새롭게 함으로 변화된다. 하나님은 우리 삶에 임재하심으로 우리의 마음을 새롭게 하신다. 우리는 진리를 믿고 성령의 능력으로 살며 육신의 정욕을 채우지 않기로 결정하는 믿음으로 하나님께 화답한다(갈 5:16을 보라). 예수님은 "길이요(어떻게 살아야 할 것인가) 진리요(무엇을 믿어야 하는가) 생명(하나님과 우리의 영적인 연합)"(요 14:6)이시다. 영적인 은사의 작용도 우리 마음의 사용과 연결되어 있다. 바울은 "내가 영으로 기도하고 또 마음으로 기도하며 내가 영으로 찬미하고 또 마음으로 찬미하리라"(고전 14:15)고 했다.

하나님의 진리가 우리를 자유롭게 한다

진리가 우리를 자유롭게 하고 믿음이 우리 삶을 변하게 한다면 우리의 신경체계에는 어떤 일이 벌어질까? 과학적 연구들을 통해 학습된 무기력과 신체의 신경화학적 변화 사이에 어떤 관계가 있는지가 밝혀졌다. 드미트리와 재니스 파폴로스Demitri & Janice Papolos는 쥐에게 충격을 주어 무기력을 학습시키는 실험을 통해 우울증을 나타내는 여러 베타 수용체에서의 신경학적인 변화를 측정할 수 있었다.

헨Henn 박사와 동료들은 실험쥐 한 집단에 우울증을 유도하고 약물 없이 치료를 했다. 그들은 한 가지 행동조정으로 쥐들이 충격에서 벗어날 수 있도록 '학습' 시켰다. 연구실에서 일하는 한 의대생이 직접 쥐들에게 작은 긴 팔 스웨터를 만들어 입히고 쥐의 앞발을 덮을 수 있게 했다. 그 발에 연결된 끈으로 연구원들은 꼭두각시를 조종하듯이 쥐의 발을 움직여서 쥐가 충격을 차단하는 막대기를 누를 수 있게 훈련시켰다. 실험쥐들이 스스로 막대기를 누를 수 있게 되자 우울증의 증상들은 완화되었으며 베타 수용체 부위도 이전 상태로 회복되었다. 헨 박사와 동료들은 이 연구를 통해 신경화학작용이 행동에 미치는 영향만큼이나 행동의 변화가 신경화학작용에도 영향을 준다고 결론지었다.

인간의 우울증 치료에 대해서도 위 결론과 상호보완적인 연구 결과가 나왔다. 인지 치료라고 불리는 간단한 정신치료학적 방법은 우울한 사람의 사고 과정, 특히 무기력하고 절망적인 사고에 초점을 맞춘다. 부정적인 사고 패턴을 바꾸도록 함으로써 항우울제 이미프라민imipramine만큼이나 우울증 치료에 효과적임이 입증되었다.[2]

뇌의 화학작용과 희망 사이에 연결 고리가 있다는 것도 연구를 통해 드러났다. 우리가 무기력하고 희망이 없으며 통제 불능이라는 생각은 신체에 영향을 끼친다. 이렇게 되면 슬픔, 절망, 무기력, 식욕 상실, 수면장애와 같은 우울증의 증상이 늘어난다. 그러나 희망이 회복되면 우울증은 떠난다. 이 사실은 우울증에 빠져 고통 받는 사람들이나 이들을 돕는 사람들에게 엄청난 의미를 가진다. 하나님은 우리가 하나님과 관계를 맺고 우리 삶을 살아가는 수단으로 믿음을 마련하셨다. 하나님은 우리의 마음을 간과하지 않으시기 때문에 우리도 그래서는 안 된다.

우리가 현실을 어떻게 인식하고 무엇을 믿기로 선택하느냐 하는 것이 우리의 생리적, 생화학적 기능에 영향을 미친다면 우울증 치료의 방법이 약물 치료에만 국한되어서는 안 될 것이다. 그리스도인들이 감정의 문제를 해결하기 위하여 약을 사용해도 될까? 비유를 하나 드는 것이 좋은 대답이 될 것이다. 어떤 사람이 식습관으로 인한 반복적인 위산과다에 시달린다고 생각해 보자. 속이 쓰리다고 약을 복용해야 할까? 대부분의 사람들은 약을 복용할 것이고 일시적인 도움을 받는 데는 문제가 없지만 장기적인 해결 방안은 결국 식습관을 바꾸는 것이다. 우리 몸이 이제는 나쁜 음식을 그만 먹으라고 말하는 것이다. 우리가 먹고 마시고 숨 쉬는 결과가 지금 우리의 몸이다. 어쩌면 우리는 궤양이나 종양과 같이 심각한 위장 질환을 겪고 있을 수도 있다. 이런 증상들 역시 중심에 문제가 있다는 표지일 수 있다.

통증의 완화를 위하여 약물을 복용하는 것은 괜찮지만 현명한 사람이라면 병의 근본 원인을 알아내기 위해 노력할 것이다. 건강한 삶을 살기 위해서는 삶의 방식을 바꿔야 할 수도 있다. 건강은 휴식과 운동, 그리고 좋은 식단을 균형 있게 규칙적으로 유지해야 얻을 수 있다. 우리 몸을 관리하는 방법을 아무리 잘 배운다고 해도 살아가면서 우리 몸은 점점 쇠약해지게 마련이다. 언젠가는 죽을 수밖에 없는 육체를 지키는 것은 우리의 소망이 아니다. 우리의 소망은 연단을 통하여 이룰 인격이며(롬 5:4을 보라) 장래 영원한 몸을 갖게 될 부활에 있다. "그러므로 우리가 낙심하지 아니하노니 겉사람은 후패하나 우리의 속은 날로 새롭도다"(고후 4:16).

만일 부정적인 생각이 신경화학작용에 영향을 미친다면 우울한 기분을 개선하기 위해서 항우울제를 복용해 보도록 권할 만하다. 하지만 이것은 대부분의 경우에 장기적인 해결 방안이 아니며 오히려 약물에 의존한다는 면에서 위험할 수 있다. 약물에 의존하게 되면 우리의 소망을 하나님께 두고 하나님이 진리라고 말씀하시는 것에 따라 균형 잡힌 삶을 살아가도록 배움으로써 우울증을 치료하는 방법은 택하지 않을 것이다. 물론 우리 몸은 타락한 세상에서 쇠잔해가고 있으므로 화학적 불균형이나 바이러스 감염, 뇌염 등과 같이 뇌 기관 자체에 문제가 생겼을 가능성도 열어두어야 한다.

우울증으로 생긴 육체의 문제를 지닌 채 오랫동안 살게 되면 그 결과로 신경체계에 장기적인 손상을 입을 수도 있다. 어떤 약물은 평생 동안 복용해야 할 수도 있다. 이것은 알코올 중독자들이 간에 회복할 수 없는 손상을 입는 것과 비슷하다. 주님은 그런 사람들의 기도에도 응답하셔서 치유하실 수 있지만 성경은 그것에 대해 확실한 보장을 하지 않는다. 죄나 잘못으로 생긴 자연적인 결과가 쉽게 제거된다면 우리가 죄를 짓거나 잘못된 믿음을 갖지 않도록 동기를 부여할 만한 것이 없을 것이다.

우리 두뇌는 우리가 자라온 문화에 의해 먼저 논리적이고 자연스러운 해답을 찾도록 프로그램되어 있다. 만일 가능한 해석을 찾지 못하면 그때에는 기도할 수밖에 없는 것이다. 하지만 성경은 다른 이야기를 한다. 하나님을 믿는 믿음이 불안에 대한 해답이라고 하시면서 예수님은 다음과 같은 결론을 내리신다.

너희는 먼저 그의 나라와 그의 의를 구하라 그리하면 이 모든 것을 너희에게 더하시리라 그러므로 내일 일을 위하여 염려하지 말라 내일 일은 내일 염려할 것이요 한 날 괴로움은 그 날에 족하니라(마 6:33-34).

감정의 문제로 갈등할 때 우리는 주님이 가르쳐주신 대로 **먼저 하나님께 나아가야 한다.**

우리의 생각과 믿음은 어떻게 변하는가

2장에서 우리는 신체의 고통이나 통증이 우리 몸에 반드시 필요한 보호 장치라는 사실을 배웠다. 마찬가지로 감정의 고통도 우리가 마음을 새롭게 하고 성품을 개발하도록 자극하는 데 필요하다. 우리의 생각이 감정에 어떻게 영향을 미치는지를 잘 이해하기 위해서 속사람을 생각해 보자. 우리는 자신의 감정을 직접 통제할 능력을 별로 가지고 있지 않지만 우리가 생각하고 믿는 것은 바꿀 수 있다. 앨버트 엘리스Albert Ellis와 아론 벡Aaron Beck 같은 여러 인지 심리학자들에 따르면 기본적으로 우리의 감정은 생각의 결과라고 한다. 그들은 우울증의 근본 원인이 자신과 환경과 미래를 어떻게 인식하느냐에 달려 있다고 본다. 이것을 우울증의 3대 원인이라고 한다. 윌리엄 배커스William Backus와 데이비드 스툽David Stoop과 같은 기독교 상담가들도 기본적으로 같은 이야기를 했다.3

　인지(정신) 치료란 사람들이 생각하고 믿기로 결정한 것에 따라 어떤 행동을 하거나 감정을 느낀다는 가정에 근거를 두고 있다. 그러므로 행동이나 느낌을 바꾸고자 한다면 무엇을 생각하고 믿을 것인지를 바꿔야 한다. 이것을 기독교 관점에서는 회개라고 한다. 만일 우리가 하나님과 자신과 세상에 대해서 왜곡되고 거짓되며 부정적인 믿음을 가지고 있다면 우리는 하나님께서 당신 자신에 대해서, 우리에 대해서, 우리가 살고 있는 세상에 대해서 하신 말씀에 동의하지 않는 것이다. 이 "동의하지 않음"이 과녁을 빗나간 것, 바로 죄다. "믿음으로 좇아 하지 아니하는 모든 것이 죄니라"

(롬 14:23). 자신이 믿는 것이 사실이 아니고 자신의 행위가 옳지 않다는 것을 하나님께 동의하고 그러한 거짓말과 거짓 믿음에서 돌아섬으로써 그리스도인은 회개를 한다. 고백이란 하나님의 말씀이 옳다고 동의하는 것이다. 회개는 세속적인 옛날의 사고방식을 하나님의 말씀에 근거한 기독교의 믿음으로 대체할 때 일어난다. '회개'라는 말은 원어로 '마음을 바꾼다'는 뜻이다. 우리가 그리스도 안에서 자유로운 삶을 살기 위해서는 이 일이 반드시 일어나야 한다.

진리의 중요성

이 장 처음에 했던 이야기로 돌아가자. 짐은 자신과 자신의 경제 상황에 대한 거짓을 믿고 우울해졌다. 사실이 아니었지만 그는 스스로 '망할 것'이라고 믿었다. 실제로 투자에 실패했다거나 금전적인 손실이 발생할 수 있다는 점이 우울증을 일으킨 것이 아니었다. 사실에 대한 자신의 해석과 자신에 대해 믿었던 거짓말들 때문에 우울증이 생긴 것이다.

함께 앉아 짐의 이야기를 들으면서, 나보다 훨씬 좋은 형편인데도 그가 자신의 경제 상태 때문에 우울하다고 느낀다는 것이 나로서는 이해가 되지 않았다. 당시에 나는 '나보다 훨씬 경제 상태가 좋으면서도 우울하다는 것은 이유가 되지 않는다'고 생각했다. 하지만 다른 사람에게 특정한 방식으로 생각하지 말라고 하는 것은 그 사람에게 도움이 되지 않을 뿐 아니라 그 사람을 비난하는 것이

3장. 마음의 갈등

기도 하다. 그보다는 그가 자료를 올바로 해석하지 못했거나 바른 시각으로 상황을 바라보지 못했을 수도 있음을 깨우쳐주는 것이 더 정확하고 더 좋은 방법이다. 만일 자신이 믿는 것이 진리와 일치하지 않는다면 그가 느끼는 것도 현실과 일치하지 않는다. 경제 상황이라면 대부분의 세상 사람들이 짐보다 훨씬 우울할 이유가 많을 테지만 짐은 자신이 느끼는 바를 바꿀 수 없었다. 아니 누구도 그럴 수 없다. 엎친 데 덮친 격으로 병원에서는 짐의 감각이 무뎌질 정도로 강한 약을 쓰면서도 그의 생각과 감정을 연관 지어 고려하지 않았다.

평생 근무해온 회사가 감원을 한다고 생각해 보자. 월요일 아침에 상사가 메시지를 보내어 금요일 오전 10시 30분에 만나자고 한다. 무슨 일로 만나자는 것일까? 나를 정리해고하려는 것일까? 이렇게 생각한다면 처음에는 화가 날 것이다. 그러다 차차, 그럴 수도 있지만 아닐 수도 있다는 생각이 들기 시작하면 두 가지 생각 사이에서 불안해질 것이다. 며칠이 지나 수요일쯤 되면 해고될 것이라는 확신이 들고 얼마나 절망적인 상황인지를 생각하며 우울해한다. '이 나이에 새로 일자리를 구할 수 있을까? 애들 학비는 어떻게 해야 하나?' 이윽고 금요일이 되자 감정적으로 완전히 마비 상태가 된다. 그런 채로 상사의 사무실에 들어서는데 "축하하네. 자네를 부사장으로 승진시키겠네"라는 말을 듣는다면, 아마 그 자리에서 기절하고 말 것이다! 한 주 내내 우리를 괴롭힌 감정들은 실제를 반영한 것이 아니었다. 진실이 반영되지 않은 것을 믿었기 때문이다.

모든 생각을 사로잡아 복종시키라

우리가 많이 하는 생각 중에서 가장 피해가 큰 것은 하나님과 우리 자신에 대한 거짓말이다(4장을 보라). 사도 바울은 고린도후서에서 하나님을 향한 우리의 생각과 우리 마음에서 진행되는 영적 전투 사이에 결정적인 연결고리를 만들었다.

> 우리가 육체에 있어 행하나 육체대로 싸우지 아니하노니 우리의 싸우는 병기는 육체에 속한 것이 아니요 오직 하나님 앞에서 견고한 진을 파하는 강력이라 모든 이론을 파하며 하나님 아는 것을 대적하여 높아진 것을 다 파하고 모든 생각을 사로잡아 그리스도에게 복종케 하니(고후 10:3-5).

컴퓨터 프로그래머들은 'GIGO'라는 단어를 만들어냈는데 이것은 "Garbage In, Garbage Out"(쓰레기를 넣으면 쓰레기가 나온다)이라는 말이다. 우리 마음에 쓰레기를 넣는다면 우리는 매우 악취를 풍기는 삶을 살 것이다. 예수님은 "선한 사람은 마음의 쌓은 선에서 선을 내고 악한 자는 그 쌓은 악에서 악을 내나니 이는 마음의 가득한 것을 입으로 말함이니라"(눅 6:45)고 말씀하셨다. 우리는 마음에 무엇을 담을 것인지 신중히 선택해야만 한다. 우리의 생각이 텔레비전이나 라디오나 책이나 강의나 기억이나 깊은 사색에서 나온 것이든 우리가 처음 생각해낸 것이든 상관없이 우리는 모든 생각을 사로잡아 그리스도께 복종케 해야 한다.

만일 우리가 생각하는 것이 하나님의 말씀에 비추어 진리가 아니라면 이 생각을 버려야 한다. 그리고 사도 바울이 말한 것과 같이 "종말로 형제들아 무엇에든지 참되며 무엇에든지 경건하며 무엇에든지 옳으며 무엇에든지 정결하며 무엇에든지 사랑할 만하며 무엇에든지 칭찬할 만하며 무슨 덕이 있든지 무슨 기림이 있든지 이것들을 생각하라"(빌 4:8)는 명령을 따르라. 부정적인 생각을 하지 않는 것으로 끝나지 말고 진리가 부정적인 생각을 완전히 몰아내고 그 자리를 대신할 때까지 진리를 붙들고 극복해야 한다. 만일 그리스도가 우리를 위해 값을 치르고 사신 자유와 모든 지각 위에 뛰어난 마음의 평안을 경험하기 원한다면(빌 4:7을 보라) 하나님의 말씀에 완전히 일치하는 생각만을 하기로 선택해야 한다.

바이러스를 찾아내라

컴퓨터를 사용하다 보면 바이러스 감염 가능성을 경고하는 화면이 뜰 때가 있다. 드러나지 않고 숨어 있던 바이러스는 기존 프로그램에 심각한 손상을 입힐 수 있다. 마찬가지로 우리의 신념체계에 숨어 있는 바이러스를 발견해내는 것도 언제나 쉬운 일은 아니다. 우리의 적이 가지고 있는 주요 전략이 속이는 것이기 때문이다. 우리 믿음의 사람들은 유혹하고 비난하고 속이는 생각들을 떨쳐버려야 한다. 우리는 하나님의 갑옷을 입고 믿음의 방패를 들고 우리의 마음을 겨누고 있는 사단의 불화살에 맞서야 한다.

사단의 가장 교활한 계략은 속임수다. 우리는 유혹을 받으면 유혹 받는 줄 알고, 비난을 받으면 비난 받는 줄 알지만 속임을 당할 때는 잘 알지 못한다. 태초부터 사단은 우리를 속이는 자였다. 에덴동산에서 하와는 사단에게 속아 거짓말을 믿었다. 그래서 예수님은 따르는 이들을 위해서 "내가 비옵는 것은 저희를 세상에서 데려가시기를 위함이 아니요 오직 악에 빠지지 않게 보전하시기를 위함이니이다 저희를 진리로 거룩하게 하옵소서 아버지의 말씀은 진리니이다"(요 17:15, 17)라고 기도하셨다. 바울은 "뱀이 그 간계로 이와를 미혹케 한 것 같이 너희 마음이 그리스도를 향하는 진실함과 깨끗함에서 떠나 부패할까 두려워하노라"(고후 11:3)고 썼다. 교회의 종말에 관하여 바울은 "그러나 성령이 밝히 말씀하시기를 후일에 어떤 사람들이 믿음에서 떠나 미혹케 하는 영과 귀신의 가르침을 좇으리라 하셨으니"(딤전 4:1)라며 염려했다.

온 세상에 이런 현상이 즐비하다. 사람들은 떨쳐버리기 어려운 생각과 싸우고, 집중할 수 없어 절망하고, 어디선가 들려오는 '소리'에 시달린다. 이 '소리' 혹은 부정적인 생각들은 보통 정죄하고 자살을 부추기고 망상으로 이끌고 신성을 모독하고 공포를 조성하여 우리를 죄의식과 절망과 슬픔의 깊은 골짜기로 빠뜨린다. 이런 증상은 심각한 우울증(양극성이나 단극성 모두를 포함하는)에서 나타나는 전형적인 징후다. 이런 식으로 생각하는 사람이 있다면 우울증이 심각한 상태다. 만일 우울한 사람이 그러한 증상을 가지고 세상의 상담가나 의사와 상담한다면 그들은 화학적인 불균형이 원인일 수 있다고 가정하면서 환자에게 항정신병제나 항우울제를 처방할 것이다.

약물 처방의 필요성을 배제해서는 안 되지만 중요한 질문을 잊어서도 안 된다. "화학물질이 어떻게 개성이나 생각을 창출하며 어떻게 신경전달물질이 임의로 분비되어 우리가 반대로 생각하도록 유발하는가"라는 질문이다. 그런 개념을 믿기란 어려운 일이다. 그리스도인이라면 그러한 부정적인 생각들은 성경에서 명확하게 경고하는 것과 같이 타락한 세상을 살면서 학습된 육신의 습관이거나 아니면 사단의 불화살 공격이라고 믿는 것이 훨씬 쉽다. 세속적인 세계관을 가진 치료사라면 그런 가능성은 고려하지도 않을 것이다.

정죄하고 신을 모독하고 속이는 현상을 보면 우리 마음에 전쟁이 있다는 것을 알 수 있다. 그런 경우라면 우리는 사람들을 하나님께 순종하게 하고 마귀를 대적하게 하여(약 4:7을 보라) 그들이 가진 개인적이고 영적인 갈등을 해결하도록 도울 수 있다. 우리가 개입하는 방법에는 〈그리스도 안의 자유에 이르는 단계〉라는 프로그램이 있다. 모든 거듭난 그리스도인들은 잠재적으로 "그리하면 모든 지각에 뛰어난 하나님의 평강이 그리스도 예수 안에서 너희 마음과 생각을 지키시리라"(빌 4:7)는 말씀을 체험할 수 있다. 그러나 대부분의 그리스도인은 그리스도 안에 있는 자유를 체험하지 못하고 있다. 하지만 그들도 체험할 수 있다. 하나님은 자신의 모든 자녀들이 그 자유를 체험하길 원하신다.

우리 사역의 하나인 〈그리스도 안의 자유한 삶〉 수련회가 끝날 때 참석자들은 그 단계를 실행해 볼 기회를 갖게 된다. 참석 인원의 85% 정도는 마지막 그룹 모임에서 이 단계를 수행할 수 있다.

나머지는 훈련된 교사들과 함께 개인적으로 이 단계를 실행하게 된다. 단계에 들어가기 전에 먼저 검사를 하고 석 달 후에 다시 검사를 진행하는데 두 지역에서 아래와 같은 결과를 볼 수 있었다. 표의 수치는 개선된 백분율이다.

	오클라호마	타일러
우울증	44%	57%
불안	45%	54%
두려움	48%	49%
분노	36%	55%
괴로운 생각	51%	50%
부정적 습관	48%	53%
자존감	52%	56%

예수님은 놀라운 상담자시다. 그분만이 진리를 알게 하는 회개를 가능하게 하고(딤후 2:25을 보라) 상한 마음을 감싸주며 갇힌 자를 자유롭게 하신다. 이 단계를 수행하는 것 자체가 우리를 자유롭게 하는 것은 아니라는 점을 기억하라. 우리를 자유롭게 하는 분은 그리스도시고 우리를 자유롭게 한 것은 회개와 믿음으로 그분께 반응한 일이다. 사람들이 회개하도록 돕는 이러한 과정은 분명 새로운 것은 아니다. 하지만 어려움을 겪는 사람들을 도울 때에 종종 이 사실이 간과되었으며 아마도 이것이 우리 사회에 우울증이 전염되고 만연하게 된 중요한 이유일 것이다. 우리가 거짓을 믿고 신

비한 힘에 놀아나고 마음의 쓴 뿌리를 버리지 않고 자만하고 반항하고 죄 가운데 살아간다면 성령의 열매를 체험하지 못할 것이다. 우울증은 모순과 거짓에 근거한 속임수와 결함이 많은 믿음 때문에 더욱 혼돈스럽고 악화된다. 우리의 마음과 생각을 지키는 하나님의 평화를 체험하기 위해서 이러한 문제들은 반드시 해결되어야 한다. 한 동역자의 간증이 이러한 내용을 잘 설명해 준다.

일 년 전 사이먼은 심각한 우울증에 빠졌다. 의사들은 할 수 있는 최선을 다했지만 별 효과가 없었다. 가끔 내가 그리스도의 사랑에 대해서 말할 기회가 있었는데 그는 별 반응을 보이지 않았다. 지난 가을부터 우리는 더 자주 만났지만 나는 항상 좌절하고 돌아왔다. 변하는 것은 없었고 우리의 대화는 음울한 주제들을 맴돌고 있었다. 그렇지만 하나님은 이런 시간들을 통해서 내가 나 자신의 노력에 너무 의존하고 변화를 일으키시는 하나님의 능력을 충분히 신뢰하지 않았음을 보여주셨다. 나는 절망 가운데 기도를 통해 더 강하게 하나님을 찾았다. 하나님은 진리를 왜곡해서 이해하고 있던 사이먼에게 역사하셨고 동시에 내 마음에 있던 자만도 고쳐주셨다. 크리스마스 직전에 사이먼은 그리스도를 주님이요 구원자로 따르기로 결단했다. 하지만 그의 우울증은 아주 조금 개선되었을 뿐이었다.
시이민은 뉴에이지 운동과 신비주의에 참여한 적이 있는데 그의 삶을 악마가 억누르고 있는 것이 확실했다. 그래서 나는 그에게 《이제 자유입니다》라는 책을 빌려주었다. 그 책의 끝부분에는 믿는 사람들에게 그리스도 안의 자유를 얻도록 하는 7단계가 나와 있다. 나는 여행에서 돌아오면 사이먼이 그 단계들을 수행할 수 있도록 도와주겠다고 말했다. 여행 중에 어떻게 지내는지 알고 싶어서 사이먼에게 전화를 했을 때 그의 목소리는 변화되어 있었다. 사이먼은 내가 단계를 수행할 수 있도록 도와줄 때까지 기다리지 않았다. 그는 그 전날 저녁에 혼자서 그 단계를 실행했고, 그로 인해 자신의 마음을 계속 채우고 있던 옛 생각들이 사라졌다. 처음으로 나는 그의 웃음소리를 들을 수 있었다. 하나님을 찬양한다.

04 희 망 의 근 거

| The Basis for Hope |

가장 사랑하는 당신에게
또다시 미치고 말 거라는 확신이 느껴져요. 또 한 차례의 어려운 고비를 이제는 잘 넘길 수 없을 것 같아요. 그리고 이번에는 회복될 것 같지도 않고요. 다시 그 소리가 들리기 시작하고, 정신을 집중할 수가 없어요. 그래서 나는 최선의 방법이라고 생각하는 길을 택하기로 했어요. 당신은 내게 가장 큰 행복을 안겨주었어요. 모든 면에서 당신은 내게 최고였어요. 이 병이 오기 전까지 우리는 이 세상에서 가장 행복한 부부였다고 생각해요. 나는 이제 더 이상 싸울 힘이 없어요.

버지니아 울프, 남편에게 보낸 마지막 편지

위에 인용한 문구는 〈디 아워스The Hours〉¹라는 영화의 첫 대사다. 이 영화는 작가인 버지니아 울프의 삶과 비극적인 죽음 그리고 두 개의 다른 이야기를 전개해 나간다. 이 세 이야기의 연결점이 영화를 통해서 드러나는데 각각의 이야기는 우울증으로 고통 받는 여자 주인공을 중심으로 전개되며 그 중 한 명이 자살을 한다. 에드 해리스가 배역을 맡은 남자 주인공도 자살을 하는데 이 사람은 결코 끝나지 않는 고통을 '시간들hours'이라고 부른다. 수천수만 시간이 흘러도 고통은 끝나지 않을 것 같다. 버지니아 울프가 과연 속이는 영에 홀렸는지 궁금할 수밖에 없는데 수백 명을 상담해 본 우리의 경험에 비추어 볼 때 우리는 그가 속이는 영에 집중하고 있었으리라고 믿는다. 해결이 가능한 이런 문제에 온 정신을 빼앗긴다는 것은 너무나 비극적인 일이다.

우울증은 희망이 없다는 느낌이다. 만일 누군가의 희망을 빼앗고 싶다면 하나님에 대한 개념과 하나님의 자녀 된 그의 정체성을 왜곡시키는 데 집중하면 된다. 잠시라도 우울증에 걸렸던 사람을 붙들고 하나님에 대한 개념과 자신에 대해 어떻게 생각했는지를 물어보라. 그들은 하나님과 구원에 대해 의구심을 가졌거나 자신이나 하나님에 대해 진실이 아닌 것을 믿었을 것이다. 병원의 정신과 병동에도 매우 종교적인 사람들이 있는데 그들이 자신이나 하나님에 대해서 믿는 것은 완전히 왜곡되어 있다. 시편 13편은 이런 내용을 보여준다.

여호와여 어느 때까지니이까 나를 영영히 잊으시나이까 주의 얼굴을 나에게서 언제까지 숨기시겠나이까 내가 나의 영혼에 경영하고 종일토록 마음에 근심하기를 어느 때까지 하오며 내 원수가 나를 쳐서 자긍하기를 어느 때까지 하리이까 여호와 내 하나님이여 나를 생각하사 응답하시고 나의 눈을 밝히소서 두렵건대 내가 사망의 잠을 잘까 하오며 두렵건대 나의 원수가 이르기를 내가 저를 이기었다 할까 하오며 내가 요동될 때에 나의 대적들이 기뻐할까 하나이다 나는 오직 주의 인자하심을 의뢰하였사오니 내 마음은 주의 구원을 기뻐하리이다 내가 여호와를 찬송하리니 이는 나를 후대하심이로다.

다윗은 절망, 부정적인 자기 암시, 슬픔과 죽음에 대한 생각을 표현하고 있는데 이는 전형적인 우울증 증상이다. 다윗은 하나님을 믿고 있으면서도 하나님에 대한 믿음이 진실이 아니었기 때문에 우울증에 빠졌다. 무소부재하시고 전지전능하신 하나님이라면 "영영히"는커녕 1분이라도 다윗을 잊으시겠는가? "나의 영혼에 경영"하는 것은 비생산적인 자기 암시에, 정신적인 방황일 뿐이다. 마침내 다윗은 하나님께 자신의 눈을 밝히시기를 구하며 시편 13편의 말미에 이르러서는 자신의 이성이 다시 돌아와 하나님의 인자하심을 믿고 있음을 기억한다. 이제 다윗은 다시 기뻐할 수 있는 희망을 표현하고 주께 노래함으로써 자신의 의지를 실천한다.

왜곡된 생각을 몰아내라

현실에 대해 우리가 인식하는 다른 것들과 마찬가지로 하나님에 대해 우리가 믿는 많은 것은 우리가 성장한 주위 환경에 의해서 형성되었다. 다행히 하나님의 말씀을 지키는 사랑 넘치는 기독교 가정에서 성장했다면 하나님에 대한 인식은 상당히 정확할 것이다. 하지만 하나님의 은혜를 잘 알지 못하는 율법적인 교회나 가정에서 자란 아이들은 하늘에 계신 아버지에 대해 잘못된 인식을 가지고 자랄 수도 있다.

우울증으로 상담하러 온 어떤 목사의 아내가 있었다. "예수님을 사랑하시죠?"라고 물으니까 그는 확신 있게 그렇다고 답했다. 그래서 다시 "성령님을 사랑하시고요, 그렇죠?"라고 물었고, 역시 그렇다고 했다. "하지만 하늘의 아버지는 사랑하지 않으시는군요. 어때요?" 그는 울기 시작했다. 어릴 때 어머니는 그를 심하게 학대했는데 사실 그가 가장 힘들어한 것은 어머니가 아니라 오히려 아버지였다. 아버지는 꼼짝 않고 앉아서 어머니가 그를 학대하도록 방치했다. 그의 생각 속에서 하늘에 계신 아버지의 모습은 이렇게 왜곡되어 있었다.

나는 그에게 하나님의 성품에 대한 토저A. W. Tozer의 카세트테이프 한 세트를 주었는데 그는 그것을 세 번이나 듣고도 별다른 효과가 없었다. 그와 같은 상황에 처한 사람들에게는 단순히 하나님에 대해 들려주거나 그리스도 안에서 그들이 어떤 존재인지를 알려주는 것만으로는 충분하지 않다. 하나님의 성품은 변하지 않지만 하나님에 대한 우리의 인식은 우리가 살아가는 타락한 세상의 틀을 통해 여과된다(그림 4.1을 보라). "어느 쪽이 참된 하나님의 성품을 드러내고 있습니까?"라고 질문한다면 성경을 제대로 연구하는 사람은 왼쪽이라고 답할 것이다. 하지만 개인적인 경험에서 느끼는 하나님에 대해 묻는다면 오른쪽이라고 이야기할지도 모른다! 성장하는 과정에서 어느 순간에 하나님에 대해 사실이 아닌 생각을 했기 때문이다. 만일 우리가 믿는 것이 진리와 일치하지 않으면 느끼는 것도 현실과 일치하지 않는다. 그 결과 교회 안에는 하나님이 사랑하신다는 것을 지식으로는 알고 있지만 사랑 받거나 구원 받았다는 느낌을 갖지 못하는 사람들이 생기게 된다. 우리는 모두 무엇인가 하나님에 대한 그릇된 지식을 가지고 있다고 말해도 무방하다. 하지만 이처럼 강력한 정신적 요새를 무너뜨릴 수 있는 다른 강력한 영적 무기를 하나님이 우리에게 주셨다는 것은 좋은 소식이다(고후 10:3-5를 보라).

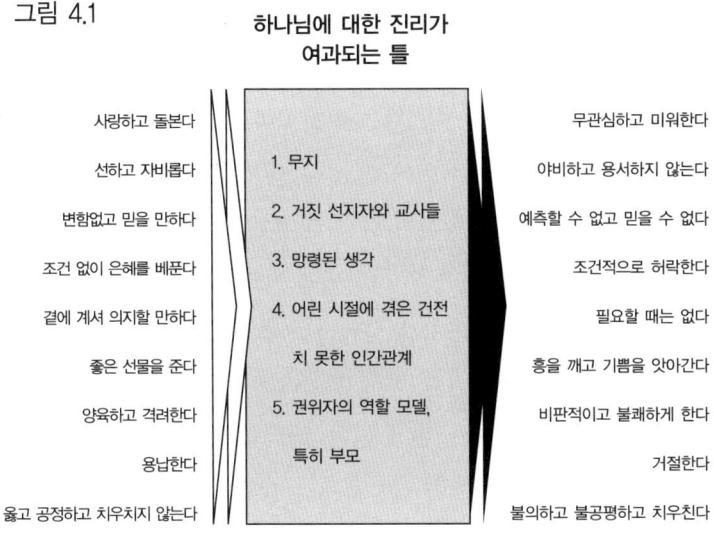

그림 4.1

회개가 없는 진리는 우리의 성장을 방해하고 그리스도가 십자가로 우리에게 주신 자유를 경험할 수 없게 한다. 우리는 개인적이고 영적인 갈등이 해결될 때 비로소 하나님과 연결된다. 그때에야 우리는 그리스도 안에서 우리가 누구인지를 알고 성경이 의미 있는 말씀이라는 것을 알며 모든 지각에 뛰어난 하나님의 평강이 그리스도 예수 안에서 우리를 지키신다는 것도 알게 된다(빌 4:7을 보라). 나는 그 여인이 가진 개인적이고 영적인 갈등을 해결하도록 도와주었고, 곧 그의 감정은 그림의 오른쪽에서 왼쪽으로 옮겨졌다.

바울은 우리가 하나님의 말씀을 이해하기 위해서는 반드시 갈등이 먼저 해결되어야 한다고 가르친다. "내가 너희를 젖으로 먹이고 밥으로 아니하였노니 이는 너희가 감당치 못하였음이거니와 지금도 못하리라 너희가 아직도 육신에 속한 자로다 너희 가운데 시기와 분쟁이 있으니 어찌 육신에 속하여 사람을 따라 행함이 아니리요"(고전 3:2-3). 이러한 일은 우리 주변에서 흔히 볼 수 있다. 그리스도인들은 성경을 읽으려고 노력하지만 그 내용을 이해하지 못한다. 기도하려고 하지만 벽에 대고 이야기하는 것 같다. 교회에서 말씀을 듣지만 한 귀로 들어가 한 귀로 흘러나오고 만다.

모든 거듭난 그리스도인은 하나님의 자녀이고 그리스도 안에서 새로운 피조물이다. 불완전한 회개나 부족한 믿음, 또는 해결되지 않은 갈등 때문에 그리스도 안에서 자유를 누리지 못한다면 우리는 이를 해결해야 한다. 이렇게 하나님과 연결되지 못하면 종종 우울증으로 이어진다. 궁극적으로 하나님만이 우리의 유일한 희망이시다. 우울을 벗어나 자유롭게 되려면 하나님과 조화를 이루며 살아야 한다. 심한 우울증에 빠진 이들은 훈련 받은 상담자의 객관적인 격려와 도움이 필요하다. 유럽에서 세미나에 참가했던 여성이 그런 경우였다. 그의 간증을 들어보자.

저는 매우 율법주의적이고 자녀를 학대하는 '기독교' 가정에서 태어나 성장했습니다. 교회에 출석하는 것은 강제 의무였고 부모님에게 받은 육체적, 감정적 고통으로 인해 하나님에 대한 인식이 왜곡되었습니다. 제가 다니던 교회에는 '하나님은 사랑이시다' 라는 큰 휘장이 걸려 있었지만 저는 사랑이 어떤 것인지 몰랐습니다. 만일 제가 집에서 겪는 것이 하나님의 사랑이라면 그런 것은 제게 전혀 필요 없었습니다. 저는 부모님을 떠나 대학에 갔고 하나님도 떠났습니다. 저는 심리학 박사학위를 받고 20년간 전문 상담가로 일했습니다. 그 동안 저는 계속해서 우울증으로 고통을 받았습니다. 마침내 저는 다른 사람을 도울 수 없는 것은 물론이고 나 자신도 도울 수 없다는 것을 깨달았습니다. 그래서 저는 개인 상담이 아닌 교육 상담 심리학으로, 또 직업 상담 심리학으로 분야를 옮겼습니다.

절망에 빠진 채 어느 교회에 나가기 시작했는데 이 교회에서는 닐 앤더슨의 비디오 시리즈로 주일학교를 진행하고 있었습니다. 저는 그리스도 안에서 제가 어떤 사람이어야 하는지를 배웠습니다. 그리고 마침내 누군가가 제 마음 속에서 진행되고 있던 전투에 대해 설명해 주었습니다. 이 교회에서는 훈련된 교사들이 사람들을 격려하고 〈그리스도 안의 자유에 이르는 단계〉라는 프로그램에 참여하도록 권고하고 있었습니다. 굉장히 두려웠으나 참여하기로 시간을 약속했습니다. 무엇을 기대해야 할지 몰랐지만 더 이상 잃을 것도 없으며 무언가 많이 얻을지도 모른다고 생각했습니다.

이 과정에서 저는 하나님과 만나는 놀라운 경험을 했습니다. 저는 자신을 의롭게 여겼던 것, 자만심, 불순종, 그리고 죄가 한 꺼풀씩 벗겨지는 것을 느낄 수 있었습니다. 모든 단계가 이미 있었지만 가장 크게 자유하다고 느낀 것은 저에게 고통을 주고 그로 인해 하나님에 대한 인식을 왜곡시킨 부모님을 용서했을 때였습니다. 과정을 마치자마자 저는 저 자신과 하나님에 대한 거짓 믿음에 매여 살았던 과거로부터 자유로워졌다는 사실을 알았습니다. 그리고 생명과 자유로 하나님과 연결되었습니다. 성령은 저의 영과 함께 제가 하나님의 자녀인 것을 증거하십니다. 저는 자유롭게 되었습니다. 다시는 우울증으로 힘들어하지 않을 것입니다.

경험에 비추어 볼 때 사람들은 그리스도 안의 자유를 체험하면, 즉 하나님과 우리 사이에 해결되지 않은 갈등이 없어지면 마음속의 전투에서 승리할 수 있다. 반대로 해결되지 않은 개인적이고 영적인 많은 갈등을 가지고서는 전투에서 이길 수 없다. 이 전투는 계속된다는 점을 기억하자. 이렇게 우울한 사람들을 괴롭히는 일반적인 거짓말은 다음과 같다.

- 나는 가치 없는 사람이고 죽는 게 차라리 낫다.
- 나는 여기 있어야 할 의미나 가치가 없다.
- 나는 아무것도 이루지 못할 것이다.
- 아무도 나를 사랑하거나 내게 관심을 갖지 않는다.
- 이 지경으로는 희망이 없고 죽는 것 외에는 방법이 없다.
- 나는 어리석고 멍청하고 추하다.
- 나는 어쩌다 잘못하여 실수로 태어났다.
- 하나님은 나를 사랑하지 않으며 돕지도 않으실 것이다.
- 인생은 넘어지고 자빠지게 하는 구덩이투성이다.
- 내 미래에는 희망이 없다.
- 누구도 나를 도와줄 수 없다.

아무도 우리의 지나간 과거를 바꿀 수는 없다. 하나님도 그렇게 하지 않으신다. 그러나 복음은 우리가 과거로부터 자유로워질 수 있다고 확신시켜 준다. 그리스도인들은 과거의 산물이 아니라 기본적으로 그리스도가 십자가에서 이루신 역사와 그 부활의 산물이다. 우리의 진정한 정체성은 우리의 육신에 있지 않고 그리스도 안에서 우리가 누구인가에 있다. 이것이 사실이 아니라면 모든 그리스도인은 무기력한 과거의 피해자로 남았을 것이다.

잘못된 인식을 하나씩 뽑아버리라

그리스도 안에서 우리가 누구인지를 알고 하나님의 자녀가 되는 것이 어떤 의미인지를 아는 것은 우울증을 극복하고 승리의 삶을 살기 위한 기초다. 자신에 대한 믿음과 일치하지 않는 행동을 계속할 수 있는 사람은 없다. 그릇된 자아상을 갖고 갈등하면서 하나님이 우리를 보시듯 우리 자신을 보지 못하게 하는 부정적인 인식은 우리가 무엇을 믿는가에 달려 있다. 자신에 대한 잘못된 믿음의 결과를 다음과 같이 예측할 수 있다.

1. 거짓된 믿음을 가진 사람은 자신감이 없고 결심이 약하다

우울증에 빠진 많은 사람들은 자신을 실패자라고 생각하고 자신의 문제를 해결하기 위해 할 수 있는 일은 아무것도 없다고 믿는다. 만일 이런 거짓말을 믿는다면 우울증을 극복하기 위해 필요한 단계를 스스로 밟지는 않을 것이다. 실패자는 실패하고 무능력자는 망하고 죄인은 죄를 짓지만 하나님의 자녀들은 그리스도를 통해 힘을 얻어 의로운 삶을 살고 모든 일을 해낸다. 요한은 "사랑하는 자들아 우리가 지금은 하나님의 자녀라 장래에 어떻게 될 것은 아직 나타나지 아니하였으나 그가 나타내심이 되면 우리가 그와 같을 줄을 아는 것은 그의 계신 그대로 볼 것을 인함이니 주를 향하여 이 소망을 가진 자마다 그의 깨끗하심과 같이 자기를 깨끗하게 하느니라"(요일 3:2-3)고 말했다. 무엇을 하느냐에 따라서 우리가 누구인지 결정되는 것이 아니라 우리가 누구인지가 우리가 무엇을 할지를 결정하는 것이다. 이것이 성령이 친히 우리의 영과 더불어 우리가 하나님의 자녀인 것을 증거(롬 8:16을 보라)하시는 이유다. "영접하는 자 곧 그 이름을 믿는 자들에게는 하나님의 자녀가 되는 권세를 주셨으니 이는 혈통으로나 육정으로나 사람의 뜻으로 나지 아니하고 오직 하나님께로서 난 자들이니라"(요 1:12-13).

2. 거짓된 믿음을 가진 사람은
개인의 안전과 가치와 칭찬에 집착한다

사람들은 보통 자신의 정체성과 존재가치를 외모나 능력, 사회적인 지위를 통해 정립한다. 그러나 아무리 노력해도 우리는 여전히 병적인 내성화, 적대적 비평, 공공연한 거부, 끝없는 비난에 시달린다. 얼마나 우울한 이야기인가! 인정, 확신, 안전, 자신감 등은 하나님과의 관계에서 이미 충족되어 있는 것들이다. 패배한 그리스도인은 그리스도 안에서 이미 가지고 있는 것을 얻기 위해서 그리고 자신이 이미 되어 있는 그 존재가 되기 위해서 엄청난 노력을 한다. "사람에게는 버린 바가 되었으나 하나님께는 택하심을 입은 보배로운 산 돌이신 예수에게 나아와 너희도 산 돌같이 신령한 집으로 세워지고 예수 그리스도로 말미암아 하나님이 기쁘게 받으실 신령한 제사를 드릴 거룩한 제사장이 될지니라"(벧전 2:4-5).

3. 거짓된 믿음을 가진 사람은 실패를 두려워한다

비틀거리거나 넘어지는 것은 실패가 아니다. 거듭 비틀거리고 넘어지는 것도 실패가 아니다. 우리가 밀려 넘어졌다고 스스로 인정하는 순간에 실패하는 것이다. 하나님의 나라에서 용서받을 수 없는 실패란 없다. 하지만 그리스도 안에서 자신이 누구인지에 대한 진리를 알지 못하기 때문에 자신의 능력에 훨씬 못 미치는 삶을 사는 사람들이 많이 있다. "그러므로 이제 그리스도 예수 안에 있는 자에게는 결코 정죄함이 없나니"(롬 8:1). 아마도 성공보다는 실수를 통해 배우는 것이 훨씬 많을 것이다. 실수를 통해 아무것도 배우지 못한다면 그것은 실패가 된다. "대저 의인은 일곱 번 넘어질지라도 다시 일어나려니와 악인은 재앙으로 인하여 엎드러지느니라"(잠 24:16). 실수를 하더라도 일어나서 다시 시도하고 또다시 시도해야 한다. 이것은 자신감의 문제가 아니다. 우리의 자신감은 하나님께 있다. 바울은 "하나님의 성령으로 봉사하며 그리스도 예수로 자랑하고 육체를 신뢰하지 아니하는 우리가 곧 할례당이라"(빌 3:3)고 말한다.

4. 거짓된 믿음을 가진 사람은 타인에게 인정받고 용납 받으려 한다

사람은 누구나 인정받고 칭찬 받기를 원한다. 이 욕구는 너무나 강해서 우리를 하늘의 아버지께로 인도할 수밖에 없다. 왜냐하면 아무리 노력하더라도 이 땅에서는 이 욕구를 완전하게 충족할 수 없기 때문이다. 예수님은 완벽한 삶을 사셨지만 사람들은 그를 거부했다. 그렇지만 예수님은 하늘 아버지의 인정을 받았다. 바울은 "이제 내가 사람들에게 좋게 하랴 하나님께 좋게 하랴 사람들에게 기쁨을 구하랴 내가 지금까지 사람의 기쁨을 구하는 것이었더면 그리스도의 종이 아니니라"(갈 1:10)고 말한다. 사람들의 칭찬과 인정을 얻기 위해 노력한다면 우리는 하나님의 종이 아니라 인간의 종이 될 것이다.

우리가 이런저런 일을 하는 것은 하나님이 언젠가 우리를 받아 주실지도 모른다는 희망 때문이 아니다. 우리는 이미 그리스도 안에서 하나님의 칭찬과 인정을 받았다. 바로 이것이 우리가 일을 하는 이유다. 우리가 포도원에서 일하는 것은 언젠가는 하나님이 우리를 사랑하실지도 모른다는 희망에서가 아니다. 우리는 하나님의 자녀이기 때문에 이미 하나님의 조건 없는 사랑을 받았다. 이것이 우리가 포도원에서 일하는 이유다.

성경은 스스로를 높이지 말라고 경고한다(눅 14:7-11을 보라). 그리고 우리의 자아를 기쁘게 하려는 사람들을 조심하라고 경고한다. "이 같은 자들은 우리 주 그리스도를 섬기지 아니하고 다만 자기의 배만 섬기나니 공교하고 아첨하는 말로 순진한 자들의 마음을 미혹하느니라"(롬 16:18). 데살로니가 사람들에게 쓴 바울의 권고는 다른 사람들의 의견보다는 하나님의 생각에 더 관심을 가져야 함을 상기시킨다. "오직 하나님의 옳게 여기심을 입어 복음 전할 부탁을 받았으니 우리가 이와 같이 말함은 사람을 기쁘게 하려 함이 아니요 오직 우리 마음을 감찰하시는 하나님을 기쁘시게 하려 함이라 너희도 알거니와 우리가 아무 때에도 아첨하는 말이나 탐심의 탈을 쓰지 아니한 것을 하나님이 증거하시느니라 우리가 그리스도의 사도로 능히 존중할 터이나 그러나 너희에게든지 다른 이에게든지 사람에게는 영광을 구치 아니하고"(살전 2:4-6).

5. 거짓된 믿음을 가진 사람은
자기 확신과 신념을 당당히 주장하는 용기를 잃어버린다

자존감이 낮은 사람들은 '내 의견은 중요하지 않아. 내 생각을 이야기해 봤자 형편없이 망신만 당하고 말 거야'라고 생각한다. 거절당하기를 두려워하는 것은 우리가 확신하는 바를 주장할 용기를 억누른다. 우울한 사람들은 스스로를 약골에 겁쟁이라고 생각한다.

6. 거짓된 믿음을 가진 사람은 공동의존 관계(문제를 가진 사람이 비정상적으로 의존하는 부정적 관계 - 역주)로 나아간다

건강한 관점에서 볼 때 그리스도인들은 상호의존적이다. 우리에게는 하나님이 반드시 필요하고 또 우리는 서로를 필요로 하기 때문이다. 그와 함께 우리는 서로 사랑하라는, 즉 서로의 필요를 돌아

보라는 하나님의 뜻을 확신하고 있다. 그렇지만 '나는 당신에게 인정받고 칭찬 받지 않고는 살 수 없다'고 믿는다면 건강하지 못한 것이다. 마찬가지로 건강하지 못한 사람이 요구하는 바를 무조건 수용하는 것도 옳지 못하다.

7. 거짓된 믿음을 가진 사람은 평범한 칭찬을 쉽게 받아들이지 못한다

다른 사람들이 인정하고 칭찬하고 격려한다고 해서 그들이 느끼는 끔찍한 고통이 사라지는 것은 아니다. 자신의 고통이 사라지지 않기 때문에 그들은 그런 칭찬과 격려와 인정이 진솔하지 않다고 결론을 내린다. 우리가 이들의 외모나 능력이나 사회적 지위보다는 그들의 성격에 초점을 맞추어 그들을 인정하고 격려할 때, 그리고 그리스도 안에서 그들이 누구인지를 확인해 줄 때 이런 칭찬이나 격려의 말은 더욱 효과가 크며 그들을 변화시킬 수 있다. 반면에 거절이나 비판은 어떤 종류이건 간에 우울한 상태를 더욱 악화시키는데, 왜냐하면 이러한 부정적인 것들은 이미 그들의 잘못된 믿음 안에 존재하고 있기 때문이다. 우리가 우울한 사람을 격려하지 않고 거절할 때 그들이 가진 의심은 사실로 확인되는 것이다.

습득된 태도를 분별하라

우리는 처음부터 가치감을 가지고 태어나는 것도 아니고 또 본성적으로도 자기 존재를 긍정적으로 받아들이지 않는다. 하나님이 삶 가운데 임재하시지 않는다면 사람들은 이러한 기본적인 필요를 세상에서 충족하려고 할 것이다. 완벽한 부모를 가진 사람은 아무도 없다. 게리 콜린스Gary Collins 박사에 따르면 대부분의 부모들이 저지르는 사소한 잘못 때문에 아이가 크게 상처를 받는 경우는 거의 없다고 한다. 그러나 부모가 다음과 같은 행동을 할 때 큰 상처를 받고 열등감이 자리 잡기 시작한다.

1. 반복해서 비판하고 창피를 주고 거절하며 벌을 줄 때
2. 비현실적인 기준과 목표를 세울 때
3. 아이가 실패할 것이라는 예상을 표현할 때
4. 반복해서 심하게 벌을 줄 때
5. 귀여워하고 안아주고 사랑하는 접촉을 피할 때
6. 아이가 쓸모없고 바보 같고 무능하다는 느낌을 줄 때
7. 아이를 과보호하거나 억눌러서 나중에 아이 혼자 해야 하는 상황에서 실패할 때[2]

부적절한 해결책을 처분하라

나는 '정체성과 자존감'이라는 주제야말로 가장 많은 왜곡과 부적절한 해결책을 제안한다고 생각한다. "비기독교 상담가들과 심리치료사들은 사람들에게 건강한 자아상을 회복하고 자존감을 세우며 자신의 가치를 높이라고 강조한다. 이 말은 언뜻 듣기에는 좋은 것 같지만 잘 살펴보면 자기를 만족시키고 성적으로 방종하며 하

나님에게서 독립하여 자기 의존적인 사람이 되라는 세속적인 사고를 주입하고 있다."3 자신의 힘으로 일어서고 서로의 자아를 쓰다듬어 주는 것으로 이 문제를 해결할 수는 없다. "우리는 낮은 자존감에 완전히 붙잡혀 있다. 유병한 심리학자들의 조언을 통해 빠르고 손쉬운 해결책을 찾지 말고 그리스도를 통해 자기의 가치를 찾기를 권한다. 자신의 가치를 스스로 결정하는 것이 아니라 하나님이 이미 그들의 가치를 결정하셨다는 사실을 사람들이 이해하도록 한다면 그 결과가 어떨지 상상해 보라."4

그리스도인들도 정체성과 자기 가치를 찾기 위한 불완전한 방법을 많이 사용한다. 남자는 일을 통해서 정체성을 찾고 여자는 아이를 낳는 데서 정체성을 찾는다는 말도 많이 한다. 어쩌면 사람들은 창세기 3장에서 여자는 고통 중에 자식을 낳을 것이며 남자는 얼굴에 땀을 흘려 일할 것이라는 말씀(16절과 19절을 보라)에서 그 원리를 찾았는지도 모른다. 하지만 이것은 타락한 정체성이다. 남자가 일자리를 잃으면 어떻게 되는가? 자신의 정체성을 잃는 것인가? 여자가 결혼하지 않거나 혹은 아이를 가질 수 없으면 어떻게 되는가? 정체성을 잃는 것인가? 우리가 누구인가는 이미 하나님이 창조와 구원의 과정을 통해서 확정하셨다. 하나님의 자녀라고 불리는 것보다 더 좋은 이름을 찾을 수 있는가?(요 1:12을 보라)

성령의 은사를 통해 자존감을 얻는가? 아니다! 바울은 성령의 은사에 대하여 가장 정확한 교훈을 전하면서 "우리가 몸의 덜 귀히 여기는 그것들을 더욱 귀한 것들로 입혀주며 우리의 아름답지 못한 지체는 더욱 아름다운 것을 얻고 우리의 아름다운 지체는 요구할 것이 없으니 오직 하나님이 몸을 고르게 하여 부족한 지체에게 존귀를 더하사"(고전 12:23-24)라고 기록했다.

재능이나 달란트를 통해 우리의 자존감을 얻는가? 아니다! 하나님은 어떤 사람에게는 한 달란트를, 다른 사람에게는 두 달란트를, 또 다른 사람에게는 다섯 달란트를 주셨다(마 25:15을 보라). "하나님, 어떻게 이러실 수 있나요? 다섯 달란트를 가진 사람만이 건강한 자존감을 가질 수 있다는 것을 주님은 모르십니까?" 그것은 사실이 아니다. 실제로 엄청난 재능을 타고난 사람들이 더 힘들어하는 경우가 종종 있는데 왜냐하면 그들은 자신의 정체성과 자존감을 자신의 능력에 두었으며 그로 인해 진정한 정체성과 성취의 근원인 자신의 성품이나 하나님과의 관계를 개발하는 데 방해를 받았기 때문이다.

지식이 많으면 자존감을 느끼는가? 아니다! "그러나 하나님께서 세상의 미련한 것들을 택하사 지혜 있는 자들을 부끄럽게 하려 하시고 세상의 약한 것들을 택하사 강한 것들을 부끄럽게 하려 하시며"(고전 1:27). 하나님은 사람들에게 은사나 재능이나 지식을 균등하게 나눠주신 것이 아니라 하나님 자신을 똑같이 나눠주셨다. 그리스도 안에서만 평등이라는 것이 존재한다. "너희가 다 믿음으로 말미암아 그리스도 예수 안에서 하나님의 아들이 되었으니 누구든지 그리스도와 합하여 세례를 받은 자는 그리스도로 옷 입었느니라 너희는 유대인이나 헬라인이나 종이나 자주자나 남자나 여자 없이 다 그리스도 예수 안에서 하나이니라 너희가 그리스도께 속한 자면 곧 아브라함의 자손이요 약속대로 유업을 이을 자니라"

(갈 3:26-29).

인생의 모든 거짓 기반 중에서도 가장 변덕스러운 것이 외모와 능력과 사회적 지위다. 타락한 인간은 아래와 같은 거짓 공식에 맞추려고 노력한다.

1. 외모 + 칭찬 = 완전한 사람
2. 능력 + 성취 = 완전한 사람
3. 사회적 지위 + 인정 = 완전한 사람

인정recognition은 수용acceptance과 달라서 사람들로부터 받는 존경이란 한 개인의 성품보다는 그 사람의 지위나 소유에 근거한 것일 수 있다. 우리가 아무리 노력하더라도 우리보다 더 멋지고 더 능력 있는 훌륭한 사람이 나타날 것이다. 재능이나 외모는 시간이 흐르면 사라진다. 우리가 다른 사람에게 인정을 받고 칭찬을 듣고 호감을 얻으려 한다면 다른 사람이 우리의 가치를 결정하는 것이다. 다른 사람이 가치 없다고 판정하면 우리는 가치 없는 사람인가? 우리의 정체성과 존재가치를 다른 사람의 손에 맡기다니 얼마나 비참한 일인가! 우리의 가치를 누가 판단하겠는가? 우리가 가치 있다고 누가 선언하겠는가? 질그릇이 다른 질그릇의 가치를 결정할 수 있을까? 오직 토기장이만이 그 가치를 결정할 권리가 있다. 하나님이 우리 인생에 부여하신 가치는 하나님이 보내신 독생자의 생명의 가치와 같다. 우리가 그리스도와 연합할 때 우리는 온전한 사람이 된다. 우리는 이제 그리스도 안에서 온전하다(골 3:10을 보라).

재능, 은사, 지식, 외모, 능력, 정당하게 얻은 사회적 지위에 문제가 있다는 말은 절대 아니다. 이런 것들은 우리의 창조자가 우리에게 주신 인생의 재산이며 우리는 그것들의 선한 청지기가 되어야 한다. 만일 누가 새 차를 주었다고 우리 자신의 정체성이나 존재가치를 차에서 찾지는 않을 것이다. 차를 준 사람은 우리에게서 가치를 발견했기 때문에 차를 주었다. 선물에는 어떤 조건도 걸려 있지 않다. 하지만 우리는 선물에 대한 감사의 표현으로 차를 사용할 것이다. 선물을 함부로 하는 것은 선물을 준 사람에 대한 예의가 아니다.

유일한 해답을 선택하라

아래의 내용은 베드로가 아내들에게 권고한 말이기는 하지만 모든 하나님의 자녀에게 적용된다고 믿는다.

> 너희 단장은 머리를 꾸미고 금을 차고 아름다운 옷을 입는 외모로 하지 말고 오직 마음에 숨은 사람을 온유하고 안정한 심령의 썩지 아니할 것으로 하라 이는 하나님 앞에 값진 것이니라(벧전 3:3-4).

하나님의 자녀로서 우리가 누구인지 알고 하나님이 창조하신 사람이 되어가는 과정에서 우리의 정체성과 존재가치는 형성된다. 우리가 하나님이 창조하신 본래의 모습으로 성장하는 과정을 막을 수 있는 사람이나 방해물은 이 세상에 없다. 이것이 바로 우리 인생을 향한 하나님의 뜻이기 때문이다. "하나님의 뜻은 이것이니 너희의 거룩함이라"(살전 4:3).

만일 그리스도인들이 그리스도 안에서 자신이 누구인지를 알고 자신의 삶을 사랑, 희락, 화평, 오래 참음, 자비, 양선, 충성, 온유, 절제로 정의할 수 있다면 자신에 대해 좋게 느낄까? 물론 그럴 것이다. 누가 이런 성품을 가질 수 있는가? 아무 조건 없이 하나님의 모든 자녀들에게 동일한 기회가 있다. 이것이 성령의 열매이며(갈 5:22-23을 보라) 모든 그리스도인은 이 열매를 맺는 사람들이다. 이런 성품은 세상이나 육체나 악에서는 나올 수 없다. 그리스도와 함께 거하고 하나님의 말씀을 진리로 믿으며 성령의 능력으로만 나올 수 있다.

바울은 "나의 하나님이 그리스도 예수 안에서 영광 가운데 그 풍성한 대로 너희 모든 쓸 것(필요)을 채우시리라"(빌 4:19)고 말한다. 필요 중에서 가장 중요한 것은 '존재'의 필요인데 이는 그리스도 안에 있을 때 가장 완전하게 채워진다. 가장 큰 필요는 생명 그 자체인데 예수님이 오심으로써 우리가 생명(영적인 생명)을 얻게 되었다. 성령이 친히 우리의 영과 더불어 우리가 하나님의 자녀인 것을 증언하며 정체성의 문제를 해결하신다. 인정받고 안전을 느끼며 존귀하다는 자존감을 갖기 위해서는 하나님만을 바라보아야 한다. 내가 쓴 《그리스도 안에서 나는 누구인가 Who I Am in Christ》(Regal Books, 2001)에서 나는 그리스도 안에서 존재의 필요가 어떻게 채워지는지를 보여주려고 노력했다. 아래 내용은 그 책에서 정리한 개요인데 그리스도 안에서 우리가 누구인지를 보여줄 뿐 아니라 우리의 필요가 어떻게 채워지는지를 보여준다.

그리스도 안에서

나는 그리스도 안에서 용납되었다

요 1:12	나는 하나님의 자녀이다.
요 15:15	나는 그리스도의 친구이다.
롬 5:1	나는 의롭게 되었다.
고전 6:17	나는 주님과 연합하여 한 영이 되었다.
고전 6:19-20	나는 값을 치르고 사신 바 되었으니 나는 하나님께 속하였다.
고전 12:27	나는 그리스도의 몸의 한 지체이다.
엡 1:1	나는 성도이다.
엡 1:5	나는 하나님의 자녀로 입양되었다.
엡 2:18	나는 성령을 통하여 하나님께 직접 나아갈 수 있다.
골 1:14	나는 속량(구속)되었고 내 모든 죄를 용서받았다.
골 2:10	나는 그리스도 안에서 충만함을 받았다.

나는 그리스도 안에서 안전하다

롬 8:1-2	나는 모든 정죄를 벗어났다.
롬 8:28	나는 모든 일이 협력하여 선을 이룰 것을 확신한다.
롬 8:31-34	나는 내게 대한 모든 송사로부터 자유하다.

롬 8:35-39	나는 하나님의 사랑에서 끊어질 수 없다.
고후 1:21-22	나는 하나님에 의해 견고하게 세움 받았고 기름부음 받았으며 인침을 받았다.
빌 1:6	나는 하나님이 내 안에 시작하신 착한 일이 완성될 것을 확신한다.
빌 3:20	나는 천국의 시민이다.
골 3:3	나는 그리스도와 함께 하나님 안에 감추어져 있다.
딤후 1:7	나는 두려워하는 영이 아니라 능력과 사랑과 건강한 마음을 받았다.
히 4:16	나는 필요할 때마다 은혜와 자비를 얻을 수 있다.
요일 5:18	나는 하나님께로서 났으며 악한 자가 나를 건드리지도 못한다.

나는 그리스도 안에서 중요한 인물이다

마 5:13-14	나는 세상의 빛이요 소금이다.
요 15:1, 5	나는 참 포도나무에 붙은 가지이며 하나님의 생명의 통로이다.
요 15:16	나는 택함을 받아 열매를 맺도록 지정되었다.
행 1:8	나는 그리스도를 인격적으로 증거하는 사람이다.
고전 3:16	나는 하나님이 거하시는 성전이다.
고후 5:17-21	나는 사람들을 하나님과 화목하게 하는 직책을 맡았다.
고후 6:1	나는 하나님의 동역자이다.
엡 2:6	나는 그리스도와 함께 하늘에 앉아 있다.

엡 2:10	나는 하나님의 작품이다.
엡 3:12	나는 자유와 확신을 가지고 하나님께 나아갈 수 있다.
빌 4:13	나는 내게 능력 주시는 그리스도 안에서 모든 것을 할 수 있다.

하나님의 은혜(심리학에서 말하는 "무조건적 긍정적 관심"에 해당하는 기독교 용어)를 느끼기 위해서는 자기보호적 자존심과 자기 비난에서 벗어나야 한다. 우리 자신이 가진 그대로의 모습에 완전히 자신감을 갖는다면 우리는 성공, 지위, 물질, 건강으로 우리의 가치를 가늠하려 하지 않을 것이다. 이것은 피노키오가 자신을 만든 제페토 할아버지에게 말한 것과 같다. "아빠, 나는 내가 누구인지 잘 모르겠어요. 하지만 내가 아빠에게 만족스러우면, 나도 나 자신에게 만족해요."5

05 희 망 을 되 찾 으 라

| Overcoming Hopelessness |

> 내 영혼아 네가 어찌하여 낙망하며 어찌하여 내 속에서 불안하여 하는고 너는
> 하나님을 바라라 나는 내 얼굴을 도우시는 내 하나님을 오히려 찬송하리로다
> 시편 43:5

한 아이가 새로 입양되어서 큰 저택에 살게 되었다. 양아버지가 아이의 귀에 대고 속삭였다. "이 집은 네 것이다. 넌 여기에 살 권리가 있어. 나는 너를 내 외아들과 함께 나의 공동 상속자로 삼았단다. 인정머리 없고 정죄를 일삼던 너의 옛 주인에게서 너를 풀어내기 위해 내 아들이 대가를 치렀다. 너를 사랑하기 때문에 그 대가를 치른 거란다." 어린 소년은 이 엄청난 선물을 의심할 수밖에 없었다. '이건 사실 같지가 않아. 내가 이런 걸 받을 자격이 있는 걸까? 난 평생 노예로 살아왔고 이런 특권을 받을 만한 일은 하나도 하지 않았는데!'

그렇지만 아이는 깊이 감사하는 마음으로 넓은 저택을 돌아보기 시작했다. 방마다 들어가 보고 살림살이와 각종 도구들을 이것저것 시험해 보기도 했다. 그 저택에는 다른 아이들도 많았는데 이 아이와 마찬가지로 입양된 이들이었다. 이 아이는 새로 만난 형제자매들과 금방 친해졌다. 아이는 특히 마음껏 먹을 수 있는 뷔페식 식당이 마음에 들었다. 그러다가 일이 터지고 말았다. 음식을 담아 돌아 나오다가 그만, 잔뜩 쌓아놓은 유리잔들을 건드려 깨뜨렸고 값진 주전자도 바닥에 떨어져 부서지고 말았다. 순간 아이는 겁이 났다. '이런 바보 같으니라고! 이런 일을 저질렀는데 괜찮을 리가 없지. 넌 여기 있을 자격이 없어! 다른 사람이 알아채기 전에 숨어야겠어. 사람들이 분명히 너를 쫓아내 버릴 거야.'

처음에 아이는 이렇게 좋은 집에서 새로운 가족과 자신을 사랑해 주는 아버지를 모시고 사는 것이 너무나 황홀했으나 이제는 혼란스러웠다. 잊고 있었던 어린 시절의 오랜 기억들이 머리에 떠오르기 시작했다. 아이는 죄책감과 수치심에 휩싸였다. '네 주제를 알기나 해? 네가 뭐 특별대우를 받을 만한 사람인 줄 아니? 넌 여기에 어울리지 않아. 너는 저 밑바닥 인생이라고! 옛 주인의 말이 옳았어, 나는 여기에 어울리지 않아.' 그래서 아이는 지하실로 내려갔다.

지하실은 음침하고 어둡고 절망적이었다. 빛이라고는 긴 계단 꼭대기의 열린 문틈으로 조금 흘러 들어오는 것이 전부였다. 아이는 방금 지나온 그 문에서 아버지가 자신을 부르는 소리를 들었지만 너무 부끄러워서 대답을 할 수 없었다. 그런데 놀랍게도 그곳에는 다른 아이들도 많이 있었다. 위층에서는 사람들이 서로 이야기하며 재미있고 의미 있는 일과를 보내고 있었지만 지하실에서는 아무도 말을 하지 않았다. 그들은 너무 부끄러웠다. 지하실에 있는 아이들은 대부분 자신들에게는 어쨌거나 지하실이 어울린다고 느끼고 있었다.

아무도 지하실을 좋아하지는 않았지만 어떻게 하면 다시 빛 가운데 다닐 수 있을지를 생각하는 아이는 없었다. 만약 빛 가운데로 나아간다면 다른 사람들이 자신의 허물을 보게 되기 때문이다. 옛 친구들이 때때로 문 앞에 와서 그들을 위해 준비된 위층으로 올라오라고 권하기도 했다. 반대로 어떤 "친구"들은 일부러 와서 지하실을 향해 야단을 치기도 했는데 이것은 상황을 더 악화시킬 뿐이었다. 지하실에 있는 아이들은 모두 나름의 이유가 있었다. 어떤 아이들은 이 아이와 비슷한 생각을 했다. '난 여기 있는 게 마땅해. 좋은 기회가 주어졌는데도 내가 망쳐버렸잖아?' 어떤 이들은 계단을 올라갈 수 없을 것이라고 생각했다. 너무 힘들었고 아무리 힘을 모아 시도한다 하더라도 무거운 짐을 지고 가다가 계단이 무게를 견디지 못하고 무너질 것만 같았다. 그들에게는 위층에 있는 아버지에게로 돌아갈 수 없는 이유가 무엇이든 항상 있었다. 몇몇은 되돌아가서 잠시 지내고 오기도 했지만 갈등을 해결하고 위층에서 살기 위한 진리를 배우는 데 필요한 만큼 오래 머물지는 않았다. 그래서 그들은 이내 돌아오곤 했다. 또 다른 아이들은 자신을 받아주지 않을까 봐 두려워했다. 이 집에 오기 전 그들의 옛 주인은 그들을 용납하고 받아주는 사람이 아니었다. 그런데 자신이 저지른 일을 보고도 양부모가 다시 환영하고 받아주리라고 기대하기는 어렵지 않겠는가?

처음에 아이는 살아남기 위해 어둠 속을 더듬어 길을 찾아보았지만 지하실에 오래 머물수록 위층에서 살았던 기억은 희미해졌고 언젠가 돌아갈 수 있으리라는 희망도 함께 약해졌다. 어릴 때 학대당했던 기억이 되살아나면서 양아버지의 사랑에 의심이 들기 시작했고 자신이 정말 입양되었는지도 의심하게 되었다. 위층에서 들려오는 사람들의 즐거운 소리가 아이를 짜증나게 했다. 아이의 기억 속에서 위층의 불빛은 그를 따뜻하게 맞아주었지만 이제 그 빛은 가슴을 파고들어 가슴 속의 어둠을 다 드러내고 있었다. 양아버지가 하시던 말씀을 기억했다. 사람들은 자기 행위가 악하기 때문에 빛보다 어둠을 더 사랑한다는 것이었다. 악을 행하는 자는 빛을 미워하여 빛으로 오지 않는데 그 행위가 드러날까 두렵기 때문이라고 했다(요 3:19-20를 보라).

사실 아이도 몇 번인가 빛으로 돌아가려는 생각을 했었지만 결국은 어두운 구석 자리에 드러누웠다. 살아남기 위해서 아이는 습기 찬 벽에서 벌레를 잡아먹고 이끼를 뜯어 허기를 채웠다. 그러던 어느 날 한 줄기 빛이 마음에 쏟아지면서 이성이 돌아왔다. 아이는 생각해 봤다. '자신을 아버지라고 하는 이 사람에게 자비를 구해 보면 어떨까? 내가 더 이상 잃을 게 뭐가 있겠어? 식탁에서 떨어진 부스러기를 먹더라도 지금보다는 나을 텐데.' 아이는 계단을 올라가 아버지를 만나서 자신이 저지른 일에 대해 진실을 밝히는 위험을 감수하기로 결정했다. "주인님," 아이가 말했다. "제가 유리잔을 깨뜨리고 주전자를 부서뜨렸습니다." 그러자 아버지는 아무 말씀도 하지 않으시고 아이의 손을 잡아 식당으로 데리고 갔다. 너무나 놀랍게도 아버지는 아이를 위해 만찬을 준비해 놓고 있었다. "잘 돌아왔구나." 아버지가 말씀하셨다. "그리스도 예수 안에 있는 자에게는 결코 정죄함이 없단다"(롬 8:1을 보라).

아, 얼마나 깊고 깊은 예수님의 사랑이며 그 무엇과도 비교할 수 없는 하나님의 은혜인가! 하나님의 자비를 받으려는 사람이라면 누구에게나 문은 항상 열려 있다. "곧 창세전에 그리스도 안에서 우리를 택하사 우리로 사랑 안에서 그 앞에 거룩하고 흠이 없게 하시려고 그 기쁘신 뜻대로 우리를 예정하사 예수 그리스도로 말미암아 자기의 아들들이 되게 하셨으니 이는 그의 사랑하시는 자 안에서 우리에게 거저 주시는 바 그의 은혜의 영광을 찬미하게 하려는 것이라"(엡 1:4-6). 하나님은 우리가 지하에서 자책하며 살아가기를 원하지 않으신다. 하나님은 우리가 예수님과 함께 상속자로서 하늘에 앉을 자리가 있다는 것을 깨닫기 원하신다. "자녀이면 또한 후사 곧 하나님의 후사요 그리스도와 함께한 후사니 우리가 그와 함께 영광을 받기 위하여 고난도 함께 받아야 될 것이니라"(롬 8:17).

하나님의 은혜를 받아들이라

사람들은 하나님의 사랑을 어떻게 이해하는가? 어느 누가 하나님의 사랑과 은혜를 **온전히** 이해할 수 있겠는가? 이 세상에서 우리가 배운 것들은 모두 정반대로 가르친다. 이 땅에서 자연스러운 삶을 사는 것은 위험천만한 모험이고 정신적 감정적 육체적으로 적합한 사람만이 살아남을 수 있으며 우리가 어떤 것을 누리기 위해서는 그에 합당한 자격을 갖춰야 공정한 것이라고 가르친다. "우리 구주 하나님의 자비와 사람 사랑하심을 나타내실 때에 우리를 구원하시되 우리의 행한 바 의로운 행위로 말미암지 아니하고 오직 그의 긍휼하심을 좇아 중생의 씻음과 성령의 새롭게 하심으로 하셨나니"(딛 3:4-5).

에베소서에서 바울은 성령의 감동을 받아 기도문을 두 개 썼다. 첫 번째 기도에서 바울은 우리의 눈을 열어 우리가 누구인지와 그리스도 안에서 우리가 가진 풍부한 유산을 보게 해달라고 하나님께 기도했다. "너희 마음눈을 밝히사 그의 부르심의 소망이 무엇이며 성도 안에서 그 기업의 영광의 풍성이 무엇이며 그의 힘의 강력으로 역사하심을 따라 믿는 우리에게 베푸신 능력의 지극히 크심이 어떤 것을 너희로 알게 하시기를 구하노라"(엡 1:18-19).

두 번째 기도에서 그는 우리를 위해서 중보한다. 그 기도에 나오는 "너희"라는 말 대신에 자기 자신의 이름을 넣어 자신을 위한 기도로 만들어 보라.

이러하므로 내가 하늘과 땅에 있는 각 족속에게 이름을 주신 아버지 앞에 무릎을 꿇고 비노니 그 영광의 풍성을 따라 그의 성령으로 말미암아 [너희] 속사람을 능력으로 강건하게 하옵시며 믿음으로 말미암아 그리스도께서 [너희] 마음에 계시게 하옵시고 [너희]가 사랑 가운데서 뿌리가 박히고 터가 굳어져서 능히 모든 성도와 함께 지식에 넘치는 그리스도의 사랑을 알아 그 넓이와 길이와 높이와 깊이가 어떠함을 깨달아 하나님의 모든 충만하신 것으로 [너희]에게 충만하게 하시기를 구하노라(엡 3:14-19을 보라).

불신자들은 거룩한 하나님 앞에서 죄책감을 느끼는데 이것은 어찌할 수 없는 일이다. 스스로 의로운 삶을 살아보려고 아무리 노력한다 하더라도 실패할 것이다. 하지만 거듭난 모든 그리스도인들의 죄값은, 과거의 죄는 물론이고 앞으로 지을 죄의 대가까지 이미 지불되었다. 양심을 거스르는 행동을 할 때 심리적으로 죄의식을 느낄 수 있는데 이는 정신적인 것이다. 하지만 심리적인 죄의식과 성령으로 말미암는 죄의 확신은 다르다. 불신자도 양심이 있고 그 양심을 거스르면 부끄러움과 죄의식을 느낀다. 마음을 새롭게 하는 과정을 통하여 믿은 사람들의 양심은 하나님의 본성과 성품에 일치하도록 변하게 된다.

죄를 짓도록 우리를 유혹하여 성공하면 마귀는 재빨리 변신하여 이제는 우리를 고발한다. '이러고도 괜찮을 수는 없지. 이런 일을 하면서 어떻게 그리스도인이라고 말할 수 있니?' 그러나 주님은 우리의 죄를 이미 용서하셨고 바울이 확실하게 이야기한 것처럼 마귀를 무찌르셨다.

또 너희의 범죄와 육체의 무할례로 죽었던 너희를 하나님이 그와 함께 살리시고 우리에게 모든 죄를 사하시고 우리를 거스르고 우리를 대적하는 의문에 쓴 증서를 도말하시고 제하여 버리사 십자가에 못 박으시고 정사와 권세를 벗어버려 밝히 드러내시고 십자가로 승리 하셨느니라(골 2:13-15).

주님이 우리를 유혹하지는 않으시지만 우리의 믿음을 완전하게 하기 위해 우리를 시험하신다. 또한 모든 의롭지 않은 것에서 우리를 깨끗하게 하기 위해서 우리가 지은 죄를 깨닫게 하신다. 그렇다면 성령으로 깨닫는 죄의식과 마귀의 송사와 세상에서 프로그램으로 입력된 정죄 의식의 차이는 무엇인가? 고린도후서 7장 9-10절에서 바울은 이 질문에 다음과 같이 답하고 있다. "내가 지금 기뻐함은 너희로 근심하게 한 까닭이 아니요 도리어 너희가 근심함으로 회개함에 이른 까닭이라 너희가 하나님의 뜻대로 근심하게 된 것은 우리에게서 아무 해도 받지 않게 하려 함이라 하나님의 뜻대로 하는 근심은 후회할 것이 없는 구원에 이르게 하는 회개를 이루는 것이요 세상 근심은 사망을 이루는 것이니라."

"근심"이라는 단어는 하나님이 주시는 죄의식과 세상과 육체와 마귀가 주는 거짓된 죄의식을 설명하는 데 공통으로 사용되고 있다. 다시 말해서 이 두 가지는 동일하게 느낄 수 있다는 것이다. 하지만 이 둘의 결과는 완전히 다르다. 하나님이 주시는 죄의식은 후회할 것이 없는 회개로 우리를 이끈다. 이 놀라운 진리를 우리는 많이 보아왔다. 회개하고 하나님을 믿는 신앙을 통하여 개인적이고 영적인 갈등을 해결하도록 하는 〈그리스도 안의 자유에 이르는 단계〉에 참석한 사람들 중에서 후회하는 사람을 나는 본 적이 없다. 과정을 마친 사람들은 그들이 체험한 자유에 대해서는 이야기할 것이 많지만 과거의 고통에 대해서는 이야기하지 않는다. 그들이 겪은 과거의 고통은 십자가에 못 박혔다. 베드로는 세 번이나 부인하며 그리스도를 배신했지만 나중에 그는 성령의 확신으로 죄를 깨닫고 초대교회의 대변인이 되었다. 유다도 그리스도를 배신했으나 그는 세상의 슬픔에 굴복하여 결국 스스로 목을 맸다.

절망이란 속임수요 거짓이다

우울증에 동반하는 절망에 대해서 한 여인이 다음과 같이 묘사했다. "천 길이나 되는 깊은 우물 속에 빠져 있는 느낌이에요. 바닥에서 위를 바라보면 바늘 구멍만 하게 희미한 빛이 보이죠. 사다리도 밧줄도 없고 나갈 방법이 없어요." 우울증은 거짓에 근거한 절망을 만들어낸다. 그러나 하나님과 함께하면 언제나 진리에 근거한 희망이 있다. 히브리서 6장 13-20절을 보면 하나님은 당신 자신의 미쁘심을 걸고 우리의 희망이 그분 안에 있다는 사실을 확신시키려 하신다.

> 하나님이 아브라함에게 약속하실 때에 가리켜 맹세할 자가 자기보다 더 큰 이가 없으므로 자기를 가리켜 맹세하여 가라사대 내가 반드시 너를 복 주고 복 주며 너를 번성케 하고 번성케 하리라 하셨더니 저가 이같이 오래 참아 약속을 받았느니라 사람들은 자기보다 더 큰 자를 가리켜 맹세하나니 맹세는 저희 모든 다투는 일에 최후 확

정이니라 하나님은 약속을 기업으로 받는 자들에게 그 뜻이 변치 아니함을 충분히 나타내시려고 그 일에 맹세로 보증하셨나니 이는 하나님이 거짓말을 하실 수 없는 이 두 가지 변치 못할 사실을 인하여 앞에 있는 소망을 얻으려고 피하여 가는 우리로 큰 안위를 받게 하려 하심이라 우리가 이 소망이 있는 것은 영혼의 닻 같아서 튼튼하고 견고하여 휘장 안에 들어가나니 그리로 앞서 가신 예수께서 멜기세덱의 반차를 좇아 영원히 대제사장이 되어 우리를 위하여 들어가셨느니라.

하나님의 약속과 그 약속을 보증하는 맹세, 이 두 가지는 결코 변할 수 없다. 하나님 안에 있는 우리의 희망이 바로 영혼의 닻이고 우울증에 대한 대답이다. 하나님이 거짓말을 할 수 없으시다면 하나님의 속성과 성품 그리고 성경에서 우리가 가진 소망의 근거를 찾을 수 있다. 하나님은 변하지 않으시지만 하나님에 대한 우리의 인식은 바뀔 수 있고 이런 인식의 변화는 우리가 어떻게 느끼는지에 큰 영향을 미친다. 하나님에 대한 비뚤어진 인식 때문에 우울했던 예레미야의 이야기를 살펴보자.

여호와의 노하신 매로 인하여 고난당한 자는 내로다 나를 이끌어 흑암에 행하고 광명에 행치 않게 하셨으며 종일토록 손을 돌이켜 자주 자주 나를 치시도다 나의 살과 가죽을 쇠하게 하시며 나의 뼈를 꺾으셨고 담즙과 수고를 쌓아 나를 에우셨으며 나로 흑암에 거하게 하시기를 죽은 지 오랜 자 같게 하셨도다(애 3:1-6).

예레미야는 자신이 겪는 육체와 감정의 어려움이 하나님 때문이라고 믿는다. 그는 하나님이 정말 자신을 잡아 혼을 내려고 한다고 믿었다. 그러나 실제로 하나님은 그를 회복시키려는 것이었다. 예레미야는 하나님의 인도를 받는 것이 아니라 하나님께 버림받아 어디론가 어두운 곳으로 끌려가고 있다고 느꼈다. 예레미야는 지하실에 있었다! 함정에 빠지고 희망을 잃고 두려워하던 그의 감정을 생각해 보자.

나를 둘러싸서 나가지 못하게 하시고 나의 사슬을 무겁게 하셨으며 내가 부르짖어 도움을 구하나 내 기도를 물리치시며 다듬은 돌을 쌓아 내 길을 막으사 내 첩경을 굽게 하셨도다 저는 내게 대하여 엎드리어 기다리는 곰과 은밀한 곳의 사자 같으사 나의 길로 치우치게 하시며 내 몸을 찢으시며 나로 적막하게 하셨도다 …… 스스로 이르기를 나의 힘과 여호와께 대한 내 소망이 끊어졌다 하였도다(7-11, 18절).

하나님에 대한 인식이 잘못되었기 때문에 예레미야는 우울했다. 하나님은 그의 고통의 원인이 아니었다. 하나님이 그의 삶을 불행하게 하기 위해서 그 상황을 만드신 것도 아니었다. 하나님은 사람들을 삼아먹으려고 기다리는 괴물이 아닌데도 예레미야는 하나님을 그렇게 생각했고 그 결과 하나님에 대한 희망을 잃어버렸다. 하지만 갑자기 모든 것이 변했다.

내 고초와 재난 곧 쑥과 담즙을 기억하소서 내 심령이 그것을 기억
하고 낙심이 되오나 중심에 회상한즉 오히려 소망이 있사옴은 여호
와의 자비와 긍휼이 무궁하시므로 우리가 진멸되지 아니함이니이다
이것이 아침마다 새로우니 주의 성실이 크도소이다 내 심령에 이르
기를 여호와는 나의 기업이시니 그러므로 내가 저를 바라리라 하도
다 무릇 기다리는 자에게나 구하는 영혼에게 여호와께서 선을 베푸
시는도다 사람이 여호와의 구원을 바라고 잠잠히 기다림이 좋도다
(19-26절).

예레미야의 경험에서 외적으로 변한 것은 아무것도 없었다. 한 가지 변한 것이 있다면 그가 하나님을 인정한 것뿐이었다. 하나님에 대해 알고 있었던 진리를 기억해내면서 예레미야는 마음의 싸움에서 승리했다. 하나님의 진정한 속성과 성품을 믿기로 선택하면 희망이 돌아온다. 이것이 우리가 하나님을 경배해야 하는 이유다. 하늘 아버지께서는 우리에게 그분의 어떠하심을 고백해야 한다고 요구하지 않으신다. 우리가 하나님을 경배하는 것은 우리가 마음에 하나님의 거룩한 속성을 계속 유지해야 하기 때문이다.

히브리서 기자는 "믿음은 바라는 것들의 실상이요 보지 못하는 것들의 증거"(11:1)라고 말한다. 마르틴 루터는 "세상의 모든 일은 희망에 근거해서 일어났다. 자라서 씨앗이 될 것이라고 기대하지 않는다면 어떤 농부도 옥수수를 심지 않을 것이고, 아이를 가질 것이라고 기대하지 않는다면 어떤 남자도 부인과 결혼하지 않을 것이며, 이익이 생길 것이라고 기대하지 않는다면 상인이나 무역상

들도 일하지 않을 것이다"라는 말을 했다.1

희망은 여러 가지로 설명될 수 있다. 오전 11시에 출발하기로 예정된 버스를 타리라는 희망을 가지고 있다고 가정하자. 경쾌한 걸음으로 도착하기에 충분한 시간을 두고 오전 10시 45분에 출발한다. 버스 정류장으로 걸어가면서 우리는 버스가 제시간에 도착할 것이고 시간표는 정확하리라고 믿는다. 만일 버스가 늦게 도착하거나 시간표가 잘못됐다면 우리의 희망은 날아가 버리고 대중교통 체제에 대한 믿음을 잃을 것이다. 또는 우리가 이미 늦어서 버스를 탈 수 있다는 희망이 없어진다면 여전히 믿음을 가지고 계속 진행하지는 않을 것이다. 그렇게 한다면 바보 같은 일이다. 만일 우리가 사랑 받을 것이라는 희망이 없고 영생에 대한 소망이 없고 변화하리라는 희망도 없으며 미래에 대한 희망이나 인생의 즐거움에 대한 희망이 없다고 믿는다면 어떨까? 아마 우울할 것이고 믿음으로 살아가기를 별로 원하지 않을 것이다.

성경적인 희망은 막연히 바라는 마음이 아니다. 희망은 하나님의 진정한 속성과 성품에 근거하여 장래에 좋은 일이 일어날 것이라고 지금 확신하는 것이다. 우리의 희망은 하나님께 있지 인간이나 살아가는 환경에 있지 않다는 사실을 기억하자. 하나님의 말씀은 진리다. 하나님의 약속은 믿을 수 있으며 확신을 가지고 이야기할 수 있다. 하나님은 우리 안에 거하시고 우리의 죄를 용서하며 친히 약속한 새 언약을 깨뜨리지 않으신다(히 8:8-13을 보라). 매튜 헨리Matthew Henry는 "우리 소망의 근거는 이 땅에 오신 그리스도지만 우리 소망의 증거는 마음속에 거하는 그리스도시다"라고 말했다.2

"하나님이 그들로 하여금 이 비밀의 영광이 이방인 가운데 어떻게 풍성한 것을 알게 하려 하심이라 이 비밀은 너희 안에 계신 그리스도시니 곧 영광의 소망이니라"(골 1:27). 우리 안에 계신 하나님의 임재가 우리의 기분과 현실에 대한 인식을 바꾼다. "내 영혼아 네가 어찌하여 낙망하며 어찌하여 내 속에서 불안하여 하는고 너는 하나님을 바라라 그 얼굴의 도우심을 인하여 내가 오히려 찬송하리로다"(시 42:5).

하나님의 진리를 구하라

절망이란 우리 자신이 주위를 둘러싸고 있는 환경이나 미래를 어떻게 인식하느냐에 대한 감정적인 반응이다. 그 결과로 느끼는 감정의 상태란 현실에 근거한 것도 아니고 하나님의 관점에서 진실을 인식한 것도 아니다. 그리스도와 함께 사는 삶은 끝없는 소망 endless hope이고 그리스도가 없는 삶은 절망적인 끝hopeless end이라고 누군가 말했다. 세상은 부정적인 사람들과 부정적인 환경들 그리고 우리가 보지 못하는 어려움들로 가득 차 있다. 소망은 믿음의 원천이며 보이지 않는 것들의 증거다. 우리가 우울증에서 벗어나 자유를 체험하기 위해서는 성경적인 소망을 확립하고 유지해야만 한다. 삶의 미로를 헤쳐 나가기 위해서 우리는 반드시 하나님의 진리를 알고 성령의 인도를 받아야 한다.

건강이 악화되거나 상황이 나빠지면 포기하고 싶어진다. 지쳤을 때 나타나는 가장 일반적인 증상의 하나는 희망의 상실이다.[3]

우울하고 싶지 않다면 어려운 환경에 처했을 때 소망을 유지하는 것이 가장 필요하다. 느헤미야는 예루살렘 성벽을 재건해 달라고 하나님께 간구했다. 도저히 극복할 수 없어 보이는 어려움에 직면한 느헤미야를 산발랏과 도비야는 조소하며 그에게서 희망을 앗아가려고 했다.

> 산발랏이 우리가 성을 건축한다 함을 듣고 크게 분노하여 유다 사람을 비웃으며 자기 형제들과 사마리아 군대 앞에서 말하여 가로되 이 미약한 유다 사람들의 하는 일이 무엇인가, 스스로 견고케 하려는가, 제사를 드리려는가, 하루에 필역하려는가, 소화된 돌을 흙무더기에서 다시 일으키려는가 하고 암몬 사람 도비야는 곁에 섰다가 가로되 저들의 건축하는 성벽은 여우가 올라가도 곧 무너지리라 하더라(느 4:1-3).

불가능해 보이는 상황에서 적으로부터 또는 마음속에서 노력해도 소용없다고 비웃는 소리를 들어본 적이 있는가? 느헤미야는 어떻게 했는가? 그는 기도했고 파수꾼을 두고서 계속 일했다(9-23절을 보라). 느헤미야는 성공적으로 성벽을 재건했으나 적들도 포기하지 않았다. 그는 전략을 바꿨다. 그의 적들은 갑옷 사이이 틈 히니를 보았지만 느헤미야는 그 도전에 적극 대처하고 있었다.

> 산발랏과 도비야와 아라비아 사람 게셈과 그 나머지 우리의 대적이 내가 성을 건축하여 그 퇴락한 곳을 남기지 아니하였다 함을 들었는

데 내가 아직 성문에 문짝을 달지 못한 때라 산발랏과 게셈이 내게 보내어 이르기를 오라 우리가 오노 평지 한 촌에서 서로 만나자 하니 실상은 나를 해코자 함이라 내가 곧 저희에게 사자들을 보내어 이르기를 내가 이제 큰 역사를 하니 내려가지 못하겠노라 어찌하여 역사를 떠나 정지하게 하고 너희에게로 내려가겠느냐 하매 저희가 네 번이나 이같이 내게 보내되 나는 여전히 대답하였더니(6:1-4).

마귀는 끈질기다. 그렇기 때문에 우리는 마귀가 계획을 세우도록 허용해서는 안 된다. 우리는 적과 타협해서도 안 되고 적이 우리가 가진 삶의 소명을 훼방하도록 놔두어서도 안 된다. 저항을 받을 때에 우리의 답은 항상 똑같다. "나는 하나님의 자녀이고 주 예수 그리스도의 피로 구원 받았으며, 나는 성령의 능력으로 하나님이 말씀하신 진리에 따라 믿음으로 내 삶을 살기로 선택한다"고 선언하는 것이다.

이 세상에서 우리는 부정적인 환경과 어쩔 수 없는 손실을 경험하게 된다. 이런 어려움을 우리 자신의 능력이나 자원으로 극복하는 것이 아니라 하나님의 능력과 자원으로 극복하는 것에 우리의 희망이 있다. 마찬가지로 우리의 희망은 육신을 영원히 보존하는 것이 아니다. 우리의 궁극적인 희망은 부활이다. "이러하므로 우리가 이 직분을 받아 긍휼하심을 입은 대로 낙심하지 아니하고 이에 숨은 부끄러움의 일을 버리고 궤휼 가운데 행하지 아니하며 하나님의 말씀을 혼잡케 아니하고 오직 진리를 나타냄으로 하나님 앞에서 각 사람의 양심에 대하여 스스로 천거하노라"(고후 4:1-2). 바울은 우리가 부정적인 상황이나 악화되는 건강 상태에서도 희망을 잃지 않는 법을 가르쳐준다.

"우리가 이 보배를 질그릇에 가졌으니 이는 능력의 심히 큰 것이 하나님께 있고 우리에게 있지 아니함을 알게 하려 함이라 우리가 사방으로 우겨쌈을 당하여도 싸이지 아니하며 답답한 일을 당하여도 낙심하지 아니하며 핍박을 받아도 버린 바 되지 아니하며 거꾸러뜨림을 당하여도 망하지 아니하고 우리가 항상 예수 죽인 것을 몸에 짊어짐은 예수의 생명도 우리 몸에 나타나게 하려 함이라 우리 산 자가 항상 예수를 위하여 죽음에 넘기움은 예수의 생명이 또한 우리 죽을 육체에 나타나게 하려 함이니라 …… 그러므로 우리가 낙심하지 아니하노니 겉사람은 후패하나 우리의 속은 날로 새롭도다 우리가 잠시 받는 환난의 경한 것이 지극히 크고 영원한 영광의 중한 것을 우리에게 이루게 함이니 우리의 돌아보는 것은 보이는 것이 아니요 보이지 않는 것이니 보이는 것은 잠깐이요 보이지 않는 것은 영원함이니라"(고후 4:7-11, 16-18).

오스트리아의 정신과 의사인 빅터 프랭클Victor Frankl 박사는 희망을 잃은 수감자는 그리 오래 살지 못한다는 사실을 발견했다. 하지만 음식이 좋아진다는 소문이나 누군가의 탈옥 이야기같이 아주 작은 희망이라도 생기면 숨 막히는 공포 분위기 속에서도 계속 살아갈 수 있었다.4 이 세상의 어둠이 제 아무리 크다 해도 작은 촛불 하나를 끄기에도 부족하며 진리는 어둠 가운데에서도 항상 빛난다. 어둠 속에서 꼼짝 못하게 묶인 사람이 홀연히 비친 빛으로 인하여 어떻게 자유하게 되었는지에 대한 다음의 간증으로 이 장을 마치려고 한다.

저는 좋은 가정에서 매우 유복한 어린 시절을 보냈습니다. 20세가 되었을 때 그리스도를 제 삶에 영접했고, 22세 때 그리스도인 자매와 결혼했습니다. 우리는 세 자녀를 두었고 저는 아버지와 할아버지가 운영하시던 토목 회사의 일을 하고 있습니다.

저는 31세가 되었을 때 제 나름의 사업을 시작하기로 결정했습니다. 처음 2년은 잘 되었고 삶이 잘 풀리는 것 같았습니다. 사업을 시작하고 세 번째로 맞은 봄에 어머니가 루게릭병에 걸리셨다는 사실을 알았습니다. 아직도 이 병은 치료방법이 없습니다. 그 해 봄은 아주 음울했고 일을 하는 것이 거의 불가능했습니다. 청구서들이 쌓여만 갔고 제 인생에서 처음으로 우울을 느끼기 시작했습니다.

저는 항상 삶을 제 힘으로 통제할 수 있다고 생각했지만 이제 제가 하는 모든 일들이 이 상황을 더 악화시키는 것만 같았습니다. 1,200km나 떨어져 사는 어머니와 함께 있지 못한다는 사실에 죄책감을 느꼈습니다. 청구서는 점점 많아졌고 제 아내는 유산의 고통을 겪었습니다. 제가 할 수 있는 것이 아무것도 없는 것처럼 느껴졌습니다. 우울증은 더 심해졌고 저는 자살을 생각하기 시작했습니다.

그 다음 계절이 되자 기한이 너무나 지나버린 청구서들을 처리할 엄두조차 나지 않았습니다. 어머니의 상태는 계속 나빠졌습니다. 어머니가 그리스도인이 아니라는 사실이 저를 무겁게 억눌렀습니다. 그런데 아버지가 스스로 주님을 영접하시고 또 어머니를 그리스도께로 인도하셨습니다. 하나님을 찬양합니다. 마침내 무언가 좋은 일이 일어났습니다. 얼마 지나지 않아 어머니는 돌아가셨고 저는 아직도 어머니가 그립습니다.

청구서 수금원이 전화를 했을 때 제 머리 속에는 자살할 생각뿐이었습니다. 어떤 희망도 없었습니다. 이전에는 항상 문제를 해결할 수 있었지만 이제는 그럴 수 없었습니다. 마침내 이 모든 것을 끝내기로 결정했습니다. 총을 구하러 가는 길에 두 가지 질문이 제 마음에 생겼습니다. 하나는 '보험금을 타서 밀린 청구서를 내는 게 나은가, 아니면 내 아이들이 그래도 아버지인 나와 함께 있는 게 나은가?' 라는 생각이었고, 다른 하나는 '밀린 청구서를 내는 게 중요한가, 내 아내에게 그래도 남편인 내가 있는 게 중요한가?' 라는 생각이었습니다. 그 순간 저는 저 자신이 자살을 원하지 않는다는 것을 깨달았습니다. 하지만 죄책감과 자살의 욕구는 그냥 사라지지는 않았습니다.

저는 목사님과 정기적으로 만났습니다. 하지만 여전히 어떤 희망도 보이지 않았습니다. 그러다가 저는 〈그리스도 안의 자유한 삶〉 수련회에 참석했다는 한 친구를 만났습니다. 그 친구는 제게 에베소서 1장 18-21절을 보여주면서 제가 그리스도와 그리스도를 죽음에서 일으키신 능력을 소유하고 있다고 알려주었습니다. 그 친구는 제게 그런 능력으로 이 세상에서 할 수 없는 것이 있다고 생각하느냐고 물었습니다. 물론 아니지요! 그 친구는 제 마음속의 싸움과 모든 생각을 사로잡아 그리스도께 복종시킴으로써 싸움에서 이길 수 있다는 설명을 해주었습니다. 그때 이후로 저는 우울하지 않고 자살에 대한 생각에서 빠져나오게 되었습니다. 저는 마침내 제가 찾던 희망을 찾았습니다.

몇 주가 지나 제 친구는 이사를 갔습니다. 저는 아직 배우고 싶은 것이 더 많이 있었습니다. 그래서 저는 《내가 누구인지 이제 알았습니다》와 《이제 자유입니다》라는 책을 샀습니다. 저는 "프라미스 키퍼스Promise Keepers"(남성경건운동-역주) 집회에 참석하러 워싱턴에 다녀오는 길에 두 권을 모두 읽었고 그 변화는 놀라웠습니다. 제 아내는 새 남편을 얻었다고 합니다. 이제는 제가 읽는 하나님의 말씀이 살아 있는 말씀으로 다가옵니다. 설교를 들으면 하나님의 말씀이 제 마음을 만지셔서 울기도 합니다. 그리스도가 주신 자유로 인해 제 삶은 완전히 변화되었습니다.

06 무기력을 극복하기

| Overcoming Helplessness |

고통은 가혹하다. 이처럼 가혹한 상황을 더욱 못 견디게 만드는 것은 손쉬운 치유책이 가까운 장래에 나타나지 않으리라는 사실을 스스로가 알고 있다는 점이다. 만약 그럭저럭 견딜 만한 치료법이 있다고 하더라도 일시적일 뿐이며 더욱 격심한 고통이 뒤따를 것이라는 사실을 우리는 알고 있다. 다름 아닌 이 절망감이 고통보다 더욱 인간의 영혼을 파멸시킨다. 정상적인 상태라면 일상에서의 의사결정은 성가신 상황에서 덜 성가신 상황으로 – 불편한 상태에서 비교적 편안한 상태로 혹은 권태에서 활동으로 – 이동하도록 이루어지지만 이 병의 경우에는 고통에서 고통으로 이동한다. 잠시라도 가시방석을 버리지 못한다. 그 방석은 어디를 가든지 따라다닌다.

윌리엄 스타이런, 《보이는 어둠: 우울증에 대한 회고》에서

우울증으로 힘들어하는 사람들은 자주 무기력한 느낌을 호소한다. 그들은 스스로 통제할 수 없는 일련의 환경들에 책임을 돌린다. 이런 상황들은 대개 실직이나 심각한 질병, 부상, 사랑하는 사람의 죽음, 이혼 같은 것들이다. 이런 상황들은 어떤 측면에서 보면 실제로 통제 불가능한 영역에 속해 있다. 그런 사건들에 대해서 자신이 통제할 수 없기 때문에 사람들은 스스로 자격이 부족하고 무능력하며 힘이 없다고 믿기 시작한다. 그래서 결국 성경이 아무리 우리에게 능력 주시는 그리스도 안에서 모든 것을 할 수 있다고 말해도(빌 4:13을 보라) 사람들은 무기력을 느끼게 된다. 세상에 영향을 끼

칠 수 없고 세상의 영향을 받지 않을 수 없다는 믿음이 그들을 엄습해 버린 것이다! 우리가 진리를 모르거나 진리를 믿지 못할 때 무기력이란 괴물이 서서히 침투한다. 무기력이란 학습되는 것이기 때문에 절대로 배워서는 안 되는 것이다.

학습된 무기력

마틴 셀리그만 박사는 무기력과 우울증의 관계에 대한 실험을 했다.[1] 그는 개를 우리 속에 가두고 뛰거나 숨어 피할 수 없는 환경을 만든 후에 충격을 가해 보았다. 이런 충격의 과정을 통해 개들은 자신이 무기력하다는 것을 학습했다. 이제 개들은 고통을 줄이기 위해 어떤 노력도 하지 않았고 충격이란 살아가면서 피할 수 없는 것으로 받아들이게 되었다!

이런 과정을 거친 개들은 그 후에 충분히 피할 수 있는 환경에서도 이 과정을 거치지 않은 개들보다 충격을 회피하는 데 어려움을 겪는다는 것을 셀리그만은 실험으로 보여주었다. 게다가 충격 학습 과정을 거친 개들은 우울증의 증상을 보이기 시작했다. 먹고 자고 털을 핥는 일상적인 생활에 어려움이 발생했다. 움직임이 느려졌고 주변의 상황에 덜 민감해 보였다.

다른 여러 실험에서도 동일한 내용을 볼 수 있다. 한 실험에서는 벼룩을 유리 그릇 안에 넣고 그 위에 유리판을 덮어두었다. 벼룩이 유리병을 벗어나려고 뛰어오르면 유리판에 부딪힐 수밖에 없었다. 오래지 않아서 벼룩은 유리병을 떠날 수 없다고 믿게 되었고 위의 유리판을 제거한 후에도 그릇을 벗어나려는 시도를 하지 않았다. 이미 벗어날 수 없다고 믿게 되었기 때문이다.

다른 실험에서는 수조의 한쪽으로 모든 물고기를 몰아두고 유리판으로 분리해 놓은 다음 사료는 유리판의 반대쪽에 두었다. 유리판에 여러 번 부딪힌 끝에 물고기들은 사료를 먹으려는 시도를 중단했다. 유리판이 제거된 후에도 물고기들은 수조의 한쪽 편에만 남아 있었다.

서커스에서 코끼리가 말뚝에 묶여 있는 것을 본 적이 있는가? 어떻게 그렇게 작은 말뚝이 거대한 코끼리를 못 움직이게 붙들어 둘 수 있을까? 물론 불가능하다. 하지만 코끼리는 그것을 알지 못한다. 아주 어리고 힘이 약할 때부터 말뚝에 묶여서 자란 코끼리는 나이가 들고 덩치가 커지면 쉽게 말뚝에서 벗어날 수 있지만 자신이 벗어날 수 있다고 믿지 않으며 그래서 시도조차 하지 않는다. 이제 코끼리들은 아주 작은 저항에 부딪히기만 해도 다른 시도를 하지 않고 순응해 버린다.

무기력한 사람들

무기력은 왜곡된 진리다. 성경에는 학습된 무기력에 대한 예화가 나온다. 하나님이 모세에게 이스라엘 백성을 자유케 하리라는 계획을 알려주셨을 때 이스라엘 백성은 400년 동안 애굽에서 노예 생활을 하고 있었다.

그러므로 이스라엘 자손에게 말하기를, 나는 여호와라 내가 애굽 사람의 무거운 짐 밑에서 너희를 빼어내며 그 고역에서 너희를 건지며 편 팔과 큰 재앙으로 너희를 구속하여 너희로 내 백성을 삼고 나는 너희 하나님이 되리니 나는 애굽 사람의 무거운 짐 밑에서 너희를 빼어낸 너희 하나님 여호와인 줄 너희가 알지라 내가 아브라함과 이삭과 야곱에게 주기로 맹세한 땅으로 너희를 인도하고 그 땅을 너희에게 주어 기업을 삼게 하리라 나는 여호와로라 하셨다 하라(출 6:6-8).

"이스라엘 백성이여, 짐을 싸시오! 하나님이 감옥 문을 여시고 갇힌 자를 자유롭게 하실 것이오. 하나님은 여러분의 곤경을 알고 있고 여러분을 사랑하고 구원하기 원하며 약속의 땅으로 이끌기를 원하시오!" 하지만 이 기쁜 소식에 대한 이스라엘 백성의 반응은 달랐다. "모세가 이와 같이 이스라엘 자손에게 전하나 그들이 마음의 상함과 역사의 혹독함을 인하여 모세를 듣지 아니하였더라"(9절). 하나님이 직접 구원하겠다고 말씀하셨지만 오랜 시간에 걸쳐 학습된 무기력이 더 위력이 있었다. 하나님이 이스라엘 백성을 애굽에서 구원해내셨을 때도 그들은 광야에서 어쩔 줄 몰라했다. 이 민족은 너무나 좌절해서 돌아가고 싶어했고 반항하며 모세의 지도력에 항의했다. 이때 "여호와께서 모세에게 일러 가라사대 사람을 보내어 내가 이스라엘 자손에게 주는 가나안 땅을 탐지하게 하되 그 종족의 각 지파 중에서 족장 된 자 한 사람씩 보내라"(민 13:1-2)고 말씀하셨다. 지휘관들은 돌아와서 모세와 아론과 이스라엘 민족에게 다음과 같이 보고했다.

> 모세에게 보고하여 가로되 당신이 우리를 보낸 땅에 간즉 과연 젖과 꿀이 그 땅에 흐르고 이것은 그 땅의 실과니이다 그러나 그 땅 거민은 강하고 성읍은 견고하고 심히 클 뿐 아니라 거기서 아낙 자손을 보았으며 …… 갈렙이 모세 앞에서 백성을 안돈시켜 가로되 우리가 곧 올라가서 그 땅을 취하자 능히 이기리라 하나 그와 함께 올라갔던 사람들은 가로되 우리는 능히 올라가서 그 백성을 치지 못하리라 그들은 우리보다 강하니라 하고 이스라엘 자손 앞에서 그 탐지한 땅을 악평하여 가로되 우리가 두루 다니며 탐지한 땅은 그 거민을 삼키는 땅이요 거기서 본 모든 백성은 신장이 장대한 자들이며 거기서 또 네피림 후손 아낙 자손 대장부들을 보았나니 우리는 스스로 보기에도 메뚜기 같으니 그들의 보기에도 그와 같았을 것이니라(민 13:27-28, 30-33절).

사람들은 부정적인 보고를 믿고 모세와 아론에게 반항했다. 그렇지만 여호수아와 갈렙은 모여 있는 이스라엘 백성들에게 다음과 같이 말했다.

> 우리가 두루 다니며 탐지한 땅은 심히 아름다운 땅이라 여호와께서 우리를 기뻐하시면 우리를 그 땅으로 인도하여 들이시고 그 땅을 우리에게 주시리라 이는 과연 젖과 꿀이 흐르는 땅이니라 오직 여호와를 거역하지 말라 또 그 땅 백성을 두려워하지 말라 그들은 우리 밥

이라 그들의 보호자는 그들에게서 떠났고 여호와는 우리와 함께 하시느니라 그들을 두려워 말라(민 14:7-9).

안타깝게도 이스라엘 백성은 부정적인 보고를 믿었다. 하지만 그 보고는 사실이 아니었다. 결국 주님은 그들을 약속의 땅으로 인도하셨지만 불순종으로 인해 이스라엘 백성은 40년 동안 광야를 방황해야 했다. 약속의 땅에 도착해서도 그들은 여전히 많은 어려움에 직면했다. 오늘날 우리 역시 동일한 경험을 한다.

그러한 어려움 중 하나는 블레셋 백성이었다. 그들은 이스라엘 백성에게 자신들의 투사인 골리앗과 싸울 장수를 내보내서 둘 중 아무나 이기는 편이 전쟁에 승리하는 것으로 하자고 도전했다. 이스라엘 백성들은 이 말을 듣고 두려워 온몸이 마비될 지경이었다. 그때 다윗이 곁에 서 있는 사람들에게 말했다. "이 블레셋 사람을 죽여 이스라엘의 치욕을 제하는 사람에게는 어떠한 대우를 하겠느냐 이 할례 없는 블레셋 사람이 누구관대 사시는 하나님의 군대를 모욕하겠느냐"(삼상 17:26). "다윗이 사울에게 고하되 그를 인하여 사람이 낙담하지 말 것이라 주의 종이 가서 저 블레셋 사람과 싸우리이다 …… 주의 종이 사자와 곰도 쳤은즉 사시는 하나님의 군대를 모욕한 이 할례 없는 블레셋 사람이리이까 그가 그 짐승의 하나와 같이 되리이다 또 가로되 여호와께서 나를 사자의 발톱과 곰의 발톱에서 건져내셨은즉 나를 이 블레셋 사람의 손에서도 건져내시리이다 사울이 다윗에게 이르되 가라 여호와께서 너와 함께 계시기를 원하노라"(17:32, 36-37). 더욱 인상적인 것은 다윗이 그 거인에게 한 말이다.

너는 칼과 창과 단창으로 내게 오거니와 나는 만군의 여호와의 이름 곧 네가 모욕하는 이스라엘 군대의 하나님의 이름으로 네게 가노라 오늘 여호와께서 너를 내 손에 붙이시리니 내가 너를 쳐서 네 머리를 베고 블레셋 군대의 시체로 오늘날 공중의 새와 땅의 들짐승에게 주어 온 땅으로 이스라엘에 하나님이 계신 줄 알게 하겠고 또 여호와의 구원하심이 칼과 창에 있지 아니함을 이 무리로 알게 하리라 전쟁은 여호와께 속한 것인즉 그가 너희를 우리 손에 붙이시리라 (17:45-47).

이스라엘 백성은 거인을 자신들과 비교하여 보고 무기력을 느꼈지만 다윗은 그를 하나님과 견주어 보았다. 정탐꾼들도 약속의 땅에 있는 거인들을 자신들과 견주어 보았지만 여호수아와 갈렙만은 믿음의 눈으로 현실을 보았다. 여호수아와 갈렙은 그 싸움이 주님께 속한 것임을 알았다. 우리도 살아가면서 승리를 경험하기 위해서는 동일한 믿음을 가져야 한다. 예수님이 말뚝을 뽑고 유리판을 치우셨다. 거룩한 하나님과 우리를 가로막는 베일이 벗겨진 것이다. 하나님이 우리와 함께하시며 그분께 불가능이 없다. 여호수아와 갈렙과 같이 우리도 하나님과 함께라면 결코 무기력하지 않음을 믿을 수 있다. 아니면 그리스도를 만나기 전이나 지금이나 변함없이 자신은 무기력하다고 믿는 사람들과 똑같이 사는 길을 선택할 수도 있다.

어린 시절의 기억

학습된 무기력은 대부분 어릴 적의 경험에서 나온다. 우리 삶에 하나님의 임재가 없고 하나님의 방법에 대해 잘 모르던 시절에 우리는 살아남기 위해 스스로 방어하고 변호하는 방법을 배웠다. 많은 사람이 처음부터 패배감을 느끼는데 이는 세상에서 받는 메시지가 부정적이기 때문이다. '너는 그걸 할 수 없어. 내가 하는 게 낫겠지? 넌 체격도 좋지 않고 똑똑하지도 않아. 넌 아무것도 할 수 없을 거야. 물고 물리는 세상이니까 뒤를 조심하는 게 좋을 걸.' 이런 메시지를 듣는다면 우리가 할 수 없다고 믿는 것도 그다지 놀랍지 않다.

전 세계 인구의 95%는 천성적으로 비관적이라고 한다. 기상예보관들은 "내일 비가 내릴 확률이 35%입니다"라고 전한다. 날씨가 좋을 확률이 65%라고 하는 일은 결코 없다. 뉴스 앵커는 그 날 일어난 좋은 일을 보도하는 일은 거의 없고 사람들이 현실을 왜곡시켜 받아들이게 만드는 나쁜 뉴스만 보도한다. 도주하는 차량을 몇 시간 동안 추격하기 위해서 3대의 뉴스 헬리콥터와 24명의 경찰관이 동원되지만 다른 사람을 격려하며 시간을 보내는 착한 사람들을 쫓아다니는 사람은 없다. 축복을 함께 축하해 주지는 않고 흥을 깨는 사람들이 주위에 가득하다. "너 그 차 샀구나. 나도 전에 그거 몰았는데 그거 형편없는 차야." 심지어 교회 안에서도 사람들은 상황을 초월하여 하나님 안에서 큰 확신을 갖고 살도록 서로를 격려하기보다는 당장 세상의 어려운 일들과 임박한 위험을 강조하는 경향이 있다. "그리스도인이 되셨다고요. 축하합니다. 그러나 이제는 전에 한 번도 상대해 보지 않은 적이 생겼군요!"

우울한 사람들이 무기력을 느낄 때는 일반적으로 처지고 소심해지고 지치고 피곤하며 비관적으로 느낀다. 이런 증상들로 인해 오래된 문제들을 극복하려고 새로운 방법을 생각해내는 일은 더 어려워진다. 앞서 헨 박사의 연구에서 이야기했듯이(3장을 보라) 신경화학작용이 행동에 영향을 주는 것처럼 행동의 변화도 신경화학작용에 변화를 일으킨다. 그런 경우라면 회복 과정을 시작하기 위해 육체적인 치료가 필수인지도 모르겠다. 엘리야가 이세벨에게서 도망친 것도 그런 경우일 수 있다.

육체적 치료

엘리야는 하나님에 대한 대단한 확신을 가지고 있었고 왕의 신하들로부터 "하나님의 사람"으로 인정을 받았다(왕하 1:9, 11, 13을 보라). 엘리야는 하나님이 바알의 선지자들 앞에서 보여주신 엄청난 능력을 목격했다(왕상 18장을 보라). 하지만 그 이야기를 들은 사악한 이세벨은 "내가 내일 이맘때에는 정녕 네 생명으로 저 사람들 중 한 사람의 생명 같게 하리라 아니하면 신들이 내게 벌 위에 벌을 내림이 마땅하니라"(왕상 19:2)라고 반응했다. "저가 이 형편을 보고 일어나 그 생명을 위하여 도망하여 유다에 속한 브엘세바에 이르러 자기의 사환을 그곳에 머물게 하고 스스로 광야로 들어가 하룻길쯤 행하고 한 로뎀나무 아래 앉아서 죽기를 구하여 가로되 여호와여 넉넉하오니 지금 내 생명을 취하옵소서 나는 내 열조보다 낫지 못하니이다"(3-4절). 엘리야는 이세벨의 거짓말을 믿었다! 위대한 하나님의 사람이 우리 같은 평범한 사람처럼 거짓말을 믿은 것이다! 그리고 그는 좌절해서 "여호와여 넉넉하오니 지금 내 생명을 취하옵소서 나는 내 열조보다 낫지 못하니이다 하고 로뎀나무 아래 누워"(4-5절) 잠들었다.

엘리야는 우울증의 전형적인 증상을 보이고 있다. 그는 두렵고 지쳤으며 스스로 외로움과 무기력 가운데 빠진 실패자라고 생각했다. 이런 경험은 우리 모두에게 일어날 수 있고 특히 큰 성공의 정상을 경험한 후에 일어날 가능성이 크다. 선한 싸움에서 승리한 후에 확신은 가득 차 있지만 힘은 다 빠졌다. 그때 우리는 가장 취약하다. 조심하지 않으면 하나님에 대한 우리의 확신은 스스로에 대한 확신으로 쉽게 변한다. "그런즉 선 줄로 생각하는 자는 넘어질까 조심하라"(고전 10:12).

하나님이 하신 일을 기억하라. "로뎀나무 아래 누워 자더니 천사가 어루만지며 이르되 일어나서 먹으라 하는지라 본즉 머리맡에 숯불에 구운 떡과 한 병 물이 있더라 이에 먹고 마시고 다시 누웠더니"(왕상 19:5-6). 자비로운 하나님은 실의에 빠진 종에게 음식과 쉼을 주셨다. 우리 몸에 전해질이 고갈되고 몸이 영양 부족으로 기능이 약화되었을 때에는 충분한 영양과 운동, 그리고 휴식을 통해서 해결해야 한다.

영양분과 식품 보조제

많은 건강식품 전문가들은 우울증에 아미노산을 섭취하는 것이 좋다고 추천한다. 가장 일반적으로는 건강식품점에서 캡슐 형태로 판매하는 DLPA(D/L-phenylalanine)가 있다. 이 캡슐은 독성이 있는 것은 아니지만 혈압을 높일 가능성이 있다. 전문가들은 DLPA와 비타민 C, 비타민 B6, 그리고 과일이나 과일 주스를 아침식사 하기 45분 전에 함께 섭취하도록 권한다. 공복에 섭취하면 DLPA는 혈액과 뇌에 흡수되기 때문이다. 우리 몸은 각성 효과와 기력을 증진시키는 신경전달물질을 더 많이 합성하기 위해 DLPA를 사용한다. 또 다른 아미노산인 L-티로신(L-tyrosine)도 뇌화학작용에 유사한 효과를 가지고 있다.

우울증 치료 효과가 있다고 알려진 허브 중에는 세인트존스워트Saint-John's wort가 있는데 연구 결과 이 허브가 우울한 사람들의 기분을 좋게 하고 잠을 잘 자게 하는 효과가 있다는 사실을 증명했다. 이 자연 허브는 손쉽게 구할 수 있지만 영양 전문의나 건강식 전문가와 적절한 양을 상의하는 것이 좋다.

하나님은 인간의 생명 유지를 위해 경작하고 추수할 수 있는 많은 과일과 채소를 창조하셨다. 세인트존스워트도 하나님이 창조하셨다. 아마도 아직 발견되지 않은 다른 많은 자연요법들이 묻혀 있을 것이다. 마지막 때를 살아가는 긴장 때문에 우리에게는 휴식, 운동, 식이요법의 균형이 더욱더 중요하다. 곡물을 생산하는 토양의 미네랄이 고갈되어간다는 사실을 함께 생각하면 비타민과 미네랄로 우리의 영향 균형을 보조하는 것은 그 어느 때보다 중요하다.

우울증에 대처하는 식이요법으로 고려할 수 있는 또 다른 것은 비타민 B12이다. B12 결핍은 우리의 신경체제가 기능하는 방식을 다양하게 바꾸는 것으로 악명이 높다. B12 결핍은 B12를 충분히 섭취할 수 있도록 식이요법이나 보조식품으로 해결이 가능한 경우도 있지만 이것만으로는 충분하지 않은 경우도 있다. 때로는 장에서 영양소를 흡수하는 능력이 약해서 결핍이 발생하기 때문이다. 이런 경우에는 비타민을 몸에 직접 주사하여 공급하는 방법을 사용해야 한다. 우울증 증상을 가진 많은 사람들이 B12 주사의 도움을 받았다.

체력

엘리야가 먹고 휴식을 취한 후에 다시 천사가 찾아왔다. "여호와의 사자가 또다시 와서 어루만지며 이르되 일어나서 먹으라 네가 길을 이기지 못할까 하노라 하는지라 이에 일어나 먹고 마시고 그 식물의 힘을 의지하여 사십 주 사십 야를 행하여 하나님의 산 호렙에 이르니라"(왕상 19:7-8).

이 구절은 몸과 마음의 건강을 위한 다른 요소인 신체 운동의 중요성을 이야기하고 있다. 엘리야의 이야기에서 성경이 말하고 있는 것 이상을 찾아내려는 것은 아니지만 성경은 엘리야가 신체적으로 좋은 상태였다고 말한다.

연구에 따르면 유산소 운동이 가장 효과적인 항우울제가 될 수 있다. 유산소 운동은 특별히 많은 운동량을 요하는 것은 아니지만 효과를 얻기 위해서는 20-30분 동안 어느 정도의 에너지 수준을 유지해야만 한다. 맥박이 두 배로 빨라지고 숨이 가빠지며 땀이 날 정도가 되어야 한다. 유산소 운동은 잘 알려진 대로 심혈관계에 긍정적인 영향을 주는 것 외에도 뇌 자체에서 기분을 좋게 하는 물질인 엔도르핀의 생성을 증가시킨다. 양질의 영양 섭취와 병행하면 가장 효과적이다.

휴식과 회복

건강과 관련해서 또 한 가지 고려할 것은 천사가 엘리야에게 이번 여행이 무리라고 이야기한 것에서 찾을 수 있다. 많은 사람들은 아드레날린이 많이 분비되는 활동 후에 우울증으로 고통을 받는다. 3장에서 우리는 외부 환경의 요구에 대한 반응으로 아드레날린이 분비된다고 설명했다. 이런 압박이 급격해지면 스트레스는 피로가 되고 우리의 몸은 무너지기 시작한다. 적응하는 신체의 능력이 사라진다. 이것이 바로 에너지를 쏟아 일을 마친 후에 보통 감정적으로 처지는 현상이 발생하는 이유다. 이런 형태의 반응성 우울증은 업무 부담이 큰 한 주간을 보낸 사람들에게서 일반적으로 나타난다. 이런 사람들은 주일이 우울할 수 있다. 우리 사역자들도 오랫동안 아드레날린이 엄청나게 분비되는 긴 수련회가 끝난 후에 종종 이런 느낌을 받는다.

 40일 낮과 밤을 걸어서 여행했다면 사실 안식일을 지키지 않은 것이다. 우리 모두 휴식과 회복이 필요하다는 것을 인정해야 한다. 부담이 큰 일정을 앞두고 있다면 비타민 B 복합제를 복용하는 것이 도움이 된다.

전인(全人) 건강

정신의 건강은 신체의 건강과 완전히 분리될 수 없다. 신체의 건강은 양질의 영양과 운동, 휴식으로 유지되어야 한다. 우울증으로 고생하는 많은 사람들은 신체적으로도 건강이 좋지 않다. 우울증과 신체의 건강 상태는 상호 간에 영향을 미치므로 무엇이 먼저인지를 항상 알 수는 없다. 건강이 좋지 않아서 우울해졌는가? 우울한 상태가 건강을 악화시켰는가? 고통 받는 사람들을 돕기 위해서 꼭 무엇이 먼저 일어났는지를 밝혀낼 필요는 없다. 올바른 처방은 인간을 전인적으로 다루기 때문이다.

천사가 엘리야에게 40일 밤낮을 갈 수 있도록 좋은 영양과 휴식을 처방한 것 외에 무언가를 더 했다는 이야기는 아니다. 성경은 분명하게 엘리야의 문제가 거짓말을 믿는 것에서 시작되었다는 점을 이야기한다. 그러나 하나님은 그의 문제를 전인적으로 다루셨다.

실물 교육

하나님은 아직 엘리야와 할 일이 남아 있었다. 엘리야의 무기력한 감정은 아직 치료가 필요했고 그래서 하나님은 자신의 성품과 엘리야가 할 일에 대해 실물 교육을 시켜주셨다.

엘리야가 그곳 굴에 들어가 거기서 유하더니 여호와의 말씀이 저에게 임하여 이르시되 엘리야야 네가 어찌하여 여기 있느냐 저가 대답하되 내가 만군의 하나님 여호와를 위하여 열심이 특심하오니 이는 이스라엘 자손이 주의 언약을 버리고 주의 단을 헐며 칼로 주의 선지자들을 죽였음이오며 오직 나만 남았거늘 저희가 내 생명을 찾아 취하려 하나이다 여호와께서 가라사대 너는 나가서 여호와의 앞에서 산에 섰으라 하시더니 여호와께서 지나가시는데 여호와의 앞에 크고 강한 바람이 산을 가르고 바위를 부수나 바람 가운데 여호와께서 계시지 아니하며 바람 후에 지진이 있으나 지진 가운데도 여호와께서 계시지 아니하며 또 지진 후에 불이 있으나 불 가운데도 여호와께서 계시지 아니하더니 불 후에 세미한 소리가 있는지라 엘리야가 듣고 겉옷으로 얼굴을 가리우고 나가 굴 어귀에 서매 소리가 있어 저에게 임하여 가라사대 엘리야야 네가 어찌하여 여기 있느냐(왕상 19:9-13).

하나님은 엘리야에게 같은 질문을 다시 하셨고 엘리야는 자신의 의도와 행동을 다시 한 번 변호했다. 그는 메시지를 이해하지 못했던 것이다. 사실 하나님이 그를 그곳에 보내신 것이 아니었다. 그리고 엘리야는 혼자 남은 것도 아니었다. 바알 앞에 무릎을 꿇지 않은 사람이 7천 명이나 있었다(18절을 보라). 하나님은 엘리야에게 하나님 나라의 계획을 소개하거나 언약을 지키지 않는 사람들을 심판하라고 요구하는 것이 아니었다. 엘리야(우리도 마찬가지다)가 하나님을 믿고 하나님이 이끄시는 곳이면 어디라도 따르기를 하나님은 원하신다. 하나님은 때가 이르면 심판을 하고 하나님의 때에 하나님의 방법으로 그의 왕국을 세우실 것이다. 우리가 결정하거나 이루어야 할 것이 아니다. 하나님에 대한 우리의 반응은 믿고 순종하는 데 있다. 하나님께 우리가 헌신하고자 할 때 부딪히는 최대의 적은 바로, 우리의 생각과 방법대로 하나님께 봉사하려는 것이다. 하나님의 일을 대신하겠다는 유혹에 저항해야 한다. 하나님이 우리에게 인간의 불순종을 바람이나 지진, 또는 화재와 같은 형벌로 심판해 달라고 기도하라고 요구하시는 것이 아니다. 우리가 받은 명령은 하나님이 심판을 참고 긍휼을 베푸시도록 기도하는 데 있다. "이 땅을 위하여 성을 쌓으며 성 무너진 데를 막아서서 나로 멸하지 못하게 할 사람을 내가 그 가운데서 찾다가 얻지 못한 고로"(겔 22:30).

마지막으로 하나님은 엘리야에게 "너는 네 길을 돌이켜 광야로 말미암아 다메섹에 가서"(왕상 19:15)라고 말씀하신다. 다시 말하면 원래의 길로 되돌아가서 다른 사람들로부터 자신을 고립시키지 말라는 것이다. 엘리야는 적의 거짓말을 믿었기 때문에 사막 한가운데 있는 자신을 발견했다. 그는 하나님의 일에 큰 열심을 가지고 있었지만 그 일을 자신이 혼자 떠맡았다고 생각했다. '나만 혼자 남았다. 그리고 내가 반드시 하나님의 말씀과 이름을 지켜내야 한다.' 이것을 종종 엘리야 콤플렉스라고 한다. 만일 무기력을 느끼고 싶다면 하나님을 위하여 그분의 일을 대신 하려고 해보라.

정부가 교회의 쓴 소리를 무시하거나 다른 사람들이 하나님을 모욕할 때 우리는 어떻게 반응해야 하는가? 정부를 장악하거나 불경한 사람들을 변화시키는 것이 우리의 일인가? 그러한 일을 시도하는 사람들은 분노하거나 몹시 우울해질 것이다. 하나님은 우리를 정부의 권위에 순종하고 그들을 위해 기도하도록 부르셨다(롬 13:1-6, 딤전 2:1-2을 보라). 그리스도가 우리를 용납하신 것과 같이 우리도 서로 용납해야 한다(롬 15:7을 보라). 하지만 이 구절의 의미가 죄를 용인하라거나 또는 우리의 정체성을 죄가 규정짓게 두라는 뜻은 아니다. 모든 그리스도인은 더 심각한 폐해를 막기 위해 자신을 지키는 성경적 경계를 설정하는 법을 배워야 한다.2

엘리야의 이야기를 하다 보니 인터넷을 통해 널리 알려진 비유가 생각난다. 한 남자가 잠을 자다가 갑자기 깨어났다. 주님이 그의 방에 나타나셨고 방은 빛으로 가득 찼다. 하나님이 "네가 할 일이 있다"고 말씀하셨다. 하나님은 남자에게 큰 바위를 보여주고는 온 힘을 다해서 그 바위를 밀라고 말씀하셨다. 남자는 말씀하신 대로 행했고 여러 날 동안 해 뜰 때부터 해 질 때까지 열심히 애를 썼다. 그는 차갑고 거대한 바위에 어깨를 대고는 온 힘을 다해 밀었다. 매일 밤 이 사람은 잠자리로 돌아와서 아프고 피곤한 몸을 뒤척이며 자신의 하루가 무의미하게 지나가지는 않았는지 생각했다.

그 남자가 낙담하는 듯 보이자 사단이 끼어들기로 결정했다. '넌 왜 이 짓을 하고 있는 거니? 넌 결코 이 바위를 움직일 수 없을 거야. 넌 이미 오랜 시간 애를 썼지만 꼼짝하기는커녕 바위에 흠집 하나도 못 남겼잖아.' 이런 생각을 남자의 마음에 집어넣었다. 남자는 주어진 임무가 불가능하다고 느끼기 시작했고 큰 바위를 움직일 수 없었기 때문에 자신이 무가치한 종이라고 생각하기 시작했다.

이러한 생각들이 남자를 좌절하게 하고 의기소침하게 했다. 그리고 그는 노력을 줄이기 시작했다. '내가 왜 이걸 하고 있는 걸까?' 남자는 생각했다. '그냥 시간만 보내야지. 노력은 최소한으로 줄이고. 그래도 괜찮을 거야.' 그는 이 문제를 하나님 앞에 갖고 나가기로 결정했다. "주님," 남자가 말했다. "저는 주님의 일을 오랫동안 힘들게 해왔습니다. 주님이 명하신 일을 하려고 온 힘을 다 쏟았습니다. 하지만 지금까지도 바위를 털끝만큼도 움직이지 못했습니다. 뭐가 잘못된 건가요? 제가 하나님을 실망시키고 있는 건가요?"

"내 아들아," 주님이 대답하셨다. "오래전에 내가 명령한 것을 네가 받아들였을 때 나는 네게 온 힘을 다해서 바위를 밀라고 했다. 너는 그렇게 했지. 하지만 단 한 번도 나는 네가 바위를 움직이길 바란다고 말한 적은 없단다. 최소한 네 혼자 힘으로는. 네 일은 그냥 미는 것이었다! 지금 너는 완전히 낙담해서 스스로 실패했다고 생각하고 이제 그만두겠다고 하는구나. 그런데 정말 그러하냐? 스스로 돌아보아라. 네 팔은 강하고 근육이 잡혔다. 네 등은 건장하고 갈색이구나. 너의 손에는 굳은살이 박였고 다리는 단단하고 강해졌구나. 힘을 쓰면서 너는 많이 성장했고 네 능력은 이전에 비해 훨씬 강해졌다. 하지만 여전히 바위를 움직이지는 못하지. 네 무거운 마음과 지친 몸을 가지고 내게로 오렴. 내 아들아, 내가 바위를 옮길 것이다. 네 소명은 순종하며 돌을 밀면서 믿음을 키우고 내 지혜를 믿는 것이었단다. 그리고 너는 그렇게 했단다."

성화의 과정

우리가 우리에게 능력을 주시는 그리스도 안에서 모든 것을 할 수 있다면 이 '모든 것'이란 무엇인가?(빌 4:13을 보라) 우리의 삶을 향한 하나님의 뜻은 무엇인가? 바울은 우리를 향한 하나님의 뜻이 무엇인지 명확하게 이야기한다. "하나님의 뜻은 이것이니 너희의 거룩함이라"(살전 4:3). 우리는 하나님의 은혜로 하나님의 형상을 닮아갈 수 있다. 우리는 스스로 바꿀 수 있는 능력이 없는데 이 능력도 하나님에게서 오는 것이다. 만일 우리 자신이 세상과 육체와 마귀에 영향을 받도록 방치한다면 성화의 과정은 방해를 받을 것이다. 우리 역시 세상을 바꾸는 것이 우선적인 관심사가 된다면 성화의 과정을 뒤로 미루게 될 것이다. 반면에 하나님이 창조하신 원래의 사람이 되는 것을 우리의 목표로 삼는다면 이 땅의 어떤 사람이나 사물도 이 목표를 이루는 데 방해가 되지 못할 것이다. 본래의 사람이 되는 것을 막을 수 있는 것은 우리 자신뿐이다. 사단도 우리를 막을 수 없다.

바울은 "또한 그로 말미암아 우리가 믿음으로 서 있는 이 은혜에 들어감을 얻었으며 하나님의 영광을 바라고 즐거워하느니라 다만 이뿐 아니라 우리가 환난 중에도 즐거워하나니 이는 환난은 인내를, 인내는 연단을, 연단은 소망을 이루는 줄 앎이로다 소망이 부끄럽게 아니함은 우리에게 주신 성령으로 말미암아 하나님의 사랑이 우리 마음에 부은 바 됨이니 우리가 아직 연약할 때에 기약대로 그리스도께서 경건치 않은 자를 위하여 죽으셨도다"(롬 5:2-6)라고 썼다. 예수님은 마귀를 이기고 우리를 그리스도 안에 있는 새로운 피조물로 만드셨다. 그는 우리를 과거로부터 자유하게 하신다. 우리는 "난 안 돼"라고 말하는 마음의 요새를 파괴하고 그리스도 안에서 우리가 할 수 있다는 진리로 대체해야 한다.

사람들은 '이 결혼은 희망이 없어'라고 생각하면 배우자를 바꾸거나 최소한 바꿔보려고 시도하는 것이 해결책이라고 믿는 경향이 있다. 이러한 경향은 다른 우울한 상황에도 동일하게 적용된다. 하지만 해답은 우리가 할 수 없는 것을 바꾸려고 노력하거나 우리가 누구인지를 상황에 따라 결정되도록 방치하는 것이 아니라 우리 자신을 변화시켜가는 과정에서 하나님과 동역하는 것이다. 바울은 우리의 소망이 인생의 시험이나 환란을 피하는 데 있지 않다고 이야기한다. 이런 것들은 피할 수 없는 것들이기 때문이다. 우리의 소망은 그런 시험을 견뎌내고 그리스도를 더욱 닮아가는 데 있다. 연단에서 나온 소망은 결코 우리를 실망시키지 않을 것이다. 오직 연단을 통해서만 우리가 세상에 긍정적인 영향을 줄 수 있다.

배우자가 떠나거나 자녀가 가출하는 상황과 같은 끔찍한 감정의 고통을 상상해 보자. 이런 어려운 상황에서는 누구라도 실망하고 용기를 잃으며 우울해질 수 있다. 아마 이런 생각을 할지도 모른다. '어떻게 하면 잃어버린 그 사람을 다시 찾을 수 있을까?' 이런 경우에는 흔히 '어떻게 하면 내가 배우자나 자녀를 통제하거나 상황을 조성해서 그들이 돌아올 수 있도록 조절할 수 있을까?'라는 질문을 하게 된다. 아마도 애초에 그런 종류의 통제나 조절하려는 술수 때문에 그들이 떠났을 것이다. 성령의 열매는 배우자나 자녀를 통제하는 것이 아니며 하나님이 외부 환경을 통해 항상 우리의 욕구를 해결해 주실 것이라는 약속도 아니다. 성령의 열매는 자기를 통제하는 것이다.

만일 어려운 상황을 겪고 있다면 통제하거나 조정하려고 하는 대신 다음과 같이 자신에게 물어보는 것이 옳다. '만일 내가 하나님이 부르신 대로 배우자나 부모나 자녀로서 최선을 다하지 않았다면 이제 다시 한 번 최선을 다해 볼 것인가?' 이것이 우리가 가진 능력의 범위에서 할 수 있는 유일한 것이다. 그리고 현재로서는 이것이 다른 사람과의 관계를 회복하기 위해서 할 수 있는 최선이다. 그렇지만 만일 관계를 회복하지 못하더라도 우리는 연단을 통해 난관을 극복할 수 있을 것이다. 시험과 환란은 하나님이 우리의 성품을 성화시키고 하나님의 형상을 닮아가게 하기 위해서 사용하시는 것들이다. 연단된 성품을 통해 얻는 소망은 결코 헛되지 않다. 우리의 소망이 만일 우리가 어찌할 수 없는 무언가를 바꾸거나 혹은 더 좋은 환경이 갖춰지는 것이라면 그 결과는 타락한 이 세상을 살면서 실망하며 고통당하는 것뿐이다. 무명의 시인이 이것을 다음과 같이 잘 표현했다.

"실망은 하나님의 약속"
한 글자만 바꾸면, 알 수 있다.*
내 목적이 좌절되면
나에게는 더 좋은 하나님의 선택이 기다린다는 것을,
모양은 다르지만

하나님의 약속은 복된 소망이다.
처음부터 끝까지
하나님의 지혜가 숨어 있으니

"실망은 하나님의 약속"
하나님은 선을 베푸시니,
거부된 상황에서도 우리는
숨겨져 있던 하나님의 사랑이라는 보화를 거둔다.
하나님은 우리의 깨진 꿈을 잘 아시고
우리를 더 충만하고 깊은 믿음으로 인도하신다.
이 모든 수고를 마치면
우리의 하나님은 지혜롭고 의로운 분으로 드러난다.

"실망은 하나님의 약속"
주여, 이것을 그대로 받아들입니다.
토기장이의 손에 있는 진흙처럼
당신이 빚으시는 대로 온전히 맡깁니다.
제 삶을 당신이 계획하시니
조금도 제 것이 없습니다.
조용히 나아가오니 제게 응답하소서.
"아버지여, 제 뜻이 아니라 당신의 뜻을 이루소서."3

---

* Disappointment(실망)의 D를 H로 바꾸면 His appointment(그분의 약속)가 된다. - 역주

하나님은 어려운 환경에서 우리를 구해 주겠다고 약속하신 것이 아니라 우리 속에 있는 어려움을 제해 주겠다고 약속하셨다. 하나님이 우리 중 어떤 이들은 사역을 위해서 어려운 환경 안으로 들어가라고 부르실지도 모른다. 이것이 "무릇 시온에서 슬퍼하는 자에게 화관을 주어 그 재를 대신하며 희락의 기름으로 그 슬픔을 대신하며 찬송의 옷으로 그 근심을 대신하시고 그들로 의의 나무 곧 여호와의 심으신 바 그 영광을 나타낼 자라 일컬음을 얻게"(사 61:3) 하시려는 하나님의 영원한 계획이다. 하나님은 우리를 인생의 시험과 환란에서 인도하겠다고 약속하셨다. 할 수 있다고 믿으면 성공하고 할 수 없다고 믿으면 실패한다. 성공을 위한 20가지 '할 수 있다'를 다음과 같이 제시한다.

성공을 부르는 20가지 '할 수 있다'

1. 내게 능력 주시는 그리스도 안에서 내가 모든 것을 할 수 있다고 성경은 말씀하는데(빌 4:13을 보라) 왜 내가 할 수 없다고 말해야 하는가?
2. 하나님이 그리스도 예수 안에서 영광 가운데 그 풍성한 대로 내 모든 필요를 채우시리라는 것을 알면서(빌 4:19를 보라) 왜 내가 염려하겠는가?
3. 하나님이 내게 두려워하는 마음이 아니라 능력과 사랑과 절제하는 마음을 주셨다고 하는데(딤후 1:7을 보라) 왜 내가 두려워하겠는가?

4. 하나님이 내게 믿음의 분량을 주셨는데(롬 12:3을 보라) 왜 내게 그리스도를 위해 사는 믿음이 부족하겠는가?
5. 여호와는 내 생명의 능력이시고 나는 하나님을 아는 하나님의 백성으로서 힘을 보이고 용맹을 떨쳐야 하는데(시 27:1, 단 11:32을 보라) 왜 내가 연약하겠는가?
6. 내 안에 계신 이가 세상에 있는 자보다 크시다고 했는데(요일 4:4을 보라) 왜 사단이 내 삶을 주장하게 허락하겠는가?
7. 성경은 하나님이 나를 항상 이기게 하신다고 했는데(고후 2:14을 보라) 왜 내가 패배를 인정하겠는가?
8. 그리스도는 하나님에게서 나와서 내게 지혜가 되셨고 하나님은 내가 지혜를 구하면 넉넉히 주실 것을 아는데(고전 1:30, 약 1:5을 보라) 왜 내게 지혜가 부족하겠는가?
9. 나는 소망이 있고 마음에 하나님의 인자와 긍휼과 성실하심이 있는데(애 3:21-23을 보라) 왜 내가 낙심하겠는가?
10. 나를 돌보시는 그리스도께 내 모든 염려를 맡겨버릴 수 있는데(벧전 5:7을 보라) 왜 내가 염려하겠는가?
11. 주의 영이 계신 곳에는 자유가 있다는 것을 알면서(갈 5:1을 보라) 왜 내가 여전히 매여 살겠는가?
12. 성경은 그리스도 예수 안에 있는 자에게는 정죄함이 없다고 하는데(롬 8:1을 보라) 왜 내가 죄책감에 시달리겠는가?
13. 예수님은 나를 버리지도 떠나지도 않고 항상 함께 있겠다고 말씀하셨는데(마 28:20, 히 13:5을 보라) 왜 내가 외로워하겠는가?
14. 성경은 그리스도가 나를 율법의 저주에서 구속하여 믿음으로

성령을 받게 하셨다고 하는데(갈 3:13-14을 보라) 왜 내가 저주받은 불운한 사람이라고 느끼겠는가?

15. 나도 바울처럼 어떤 형편에서든지 자족하기를 배울 수 있는데(빌 4:11을 보라) 왜 내가 불행하다고 느끼겠는가?

16. 그리스도가 나를 위하여 죄를 뒤집어쓰고 나로 하나님의 의가 되게 하셨는데(고후 5:21을 보라) 왜 내가 무가치하다고 느끼겠는가?

17. 하나님이 나를 위하시면 누가 나를 대적하겠느냐는 말씀을 아는데(롬 8:31을 보라) 왜 내가 다른 사람들 앞에서 무기력해지겠는가?

18. 화평의 하나님이 내 안에 계신 성령을 통하여 지식을 주시는데(고전 2:12, 14:33을 보라) 왜 내가 혼란에 빠지겠는가?

19. 나를 사랑하시는 그리스도로 말미암아 내가 넉넉히 이기는데(롬 8:37을 보라) 왜 내가 실패자처럼 느끼겠는가?

20. 예수님이 이 세상과 그 안의 모든 문제를 이기셨다는 것을 알고 나도 담대하라고 하셨는데(요 16:33을 보라) 왜 내가 일상의 무게에 짓눌리겠는가?4

07 상실을 극복하기

| Dealing with Loss |

> 내가 보니 포플러 나무가 가느다란 목처럼 순을 돋고 있었고 주위에 꽃이 만발하고 사과나무가 뿌옇게 새싹을 내밀고 있었다. 겨우내 나무들은 장승처럼 서 있었고 숲은 침묵했고 아무 말이 없었으나 검은 넝쿨과 가시철조망은 차가운 하늘을 향해 무엇인가 글을 써 놓았다.
> 이런 곳이 어떻게 푸른색으로 변하고 커다란 잎사귀가 흔들거리는 한 여름으로 변하리라 상상할 수 있겠는가? 그리고 다시 가을이 지나고 겨울이 시작되면 모든 것이 잿빛으로 변하고 얼음, 눈, 무감각, 황량함으로 뒤덮일 것을 누가 믿을 수 있겠는가? 그리고 누가 감히 다시 봄이 오고 생명이 탄생하고 짙푸른 여름, 활력이 넘치는 여름이 오리라고 믿을 수 있겠는가? 상상할 수 있겠는가? 생명의 불멸이여!
>
> 델모어 슈워츠, "속이는 현재"에서

사도 바울은 유대 공동체에서 별처럼 떠오르는 인물이었지만 다메섹으로 가는 길에서 하나님이 그의 눈을 멀게 하신 이후 상황이 변했다. 예수님과의 이 갑작스런 만남은 그의 인생을 영원히 바꿔놓았다. 바울은 옛 친구들과 사회적 지위, 그리고 유대 엘리트로서의 밝은 미래를 잃었다. 역사를 보면 그에게는 3년 동안 공백기가 있는데 추측하기로는 그가 상당 기간 슬프고 우울하게 보냈을 가능성이 높다. 상실을 경험하는 것은 우울증을 일으키는 기본적인 원인이다. 위기 자체가 우울증을 일으키는 것은 아니다. 그러나 어떤 사건이 일어날 때 우리는 우리의 믿음과 일정하게 고정된 각자의 사고방식에 근거하여 그 사건을 이해하고 그런 이해에 따라 이 위기나 상실을 어떻게 느끼고 대응할지를 결정한다. 이 3년간의 공백기를 거치면서 바울의 마음은 상실을 극복하고 새롭게 되었다. 그림 7.1은 사람들이 삶의 위기나 상실을 경험할 때 거치는 단계들을 보여주고 있다.

그림 7.1

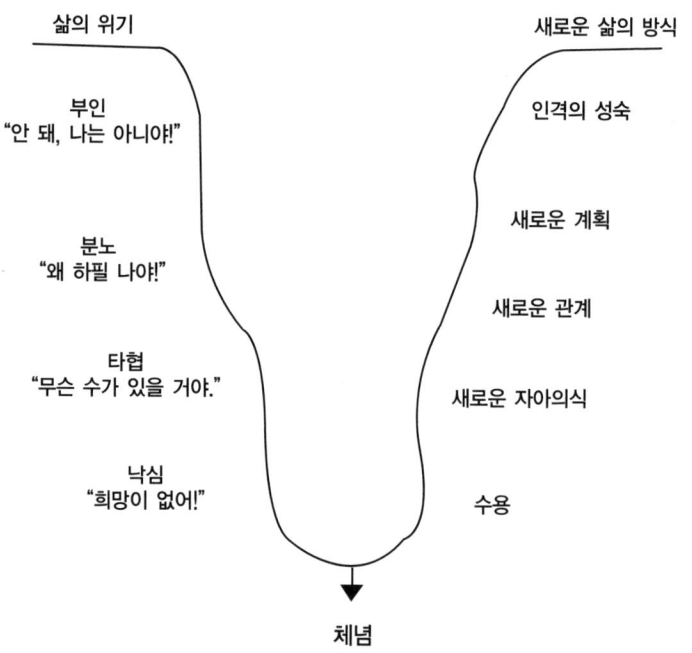

사람들은 지금까지 살아온 방식대로 당분간 삶이 지속될 것이며 또 개선되고 좋아질 것이라는 희망을 갖고 살아간다. 그리고 그들은 삶이 계획한 대로 흘러갈 것이라고 가정하고 주말과 여름휴

가 계획을 세운다. 날마다 일어나는 일들을 계획할 때 사람들은 그때까지 살아 있고 건강할 것이며 모든 필요한 조건들이 현재의 삶이 흘러가는 것과 마찬가지로 좋을 것이라는 희망을 가지고 있다. 모든 일이 잘 되어갈 때에는 우리의 마음도 싱그러운 여름처럼 활기차고 지금과 다른 장래라는 것은 생각하지 않는다. 그러나 마음에 겨울이 찾아오면 여름이 다시 올 것이라고 상상하기조차 어려워진다.

어떤 사람들은 지금의 삶이 결국 미래에 어떤 결과를 가져온다는 생각을 하지 않고 "내일 죽을 터이니 먹고 마시자"(고전 15:32)고 한다. 성경은 그런 사람들을 어리석고 현혹된 무리라고 부른다. 그런 사람들에게 바울은 다음과 같이 조언한다. "속지 말라 악한 동무들은 선한 행실을 더럽히나니 깨어 의를 행하고 죄를 짓지 말라 하나님을 알지 못하는 자가 있기로 내가 너희를 부끄럽게 하기 위하여 말하노라"(15:33-34). 그런 사람들은 현실적인 계획을 세우지 않고 그 결과로 의미 없는 미래를 맞게 된다. 또 어떤 사람들(이 중에는 그리스도인도 포함되어 있다)은 미래를 마냥 낙관한다. 야고보는 그런 사람들에게 정신을 차리라며 다음과 같이 조언한다.

들으라 너희 중에 말하기를 오늘이나 내일이나 우리가 아무 도시에 가서 거기서 일 년을 유하며 장사하여 이를 보리라 하는 자들아 내일 일을 너희가 알지 못하는도다 너희 생명이 무엇이뇨 너희는 잠깐 보이다가 없어지는 안개니라 너희가 도리어 말하기를 주의 뜻이면 우리가 살기도 하고 이것저것을 하리라 할 것이거늘 이제 너희가 허

탄한 자랑을 자랑하니 이러한 자랑은 다 악한 것이라 이러므로 사람이 선을 행할 줄 알고도 행치 아니하면 죄니라(약 4:13-17).

여기서 '선the good'이란 하나님의 뜻을 가리킨다. 우리는 하나님의 뜻을 따라 살면 어디를 가든지 하나님의 은혜가 우리를 지키시리라는 믿음으로 매일을 책임감 있게 살기로 선택해야만 한다. 예수님은 산상수훈에서 내일을 염려하지 말라고 하신다. 하나님이 들의 백합화와 공중의 새를 돌보시는데 우리에게는 더 좋은 것을 주시지 않겠느냐는 것이다(마 6:28-31을 보라). "이는 다 이방인들이 구하는 것이라 너희 천부께서 이 모든 것이 너희에게 있어야 할 줄을 아시느니라 너희는 먼저 그의 나라와 그의 의를 구하라 그리하면 이 모든 것을 너희에게 더하시리라 그러므로 내일 일을 위하여 염려하지 말라 내일 일은 내일 염려할 것이요 한 날 괴로움은 그 날에 족하니라"(6:32-34).

그렇다고 미래에 대한 계획을 세우지 말라는 의미는 아니다. 의미 있는 삶을 살기 위해서는 책임감 있게 살고 계획을 세워야 한다. 목표를 세우고 미래의 계획을 짜야 하는 가장 중요한 이유는 오늘의 우리 삶에 목적과 방향을 제시하기 위해서다. 하지만 우리의 계획을 방해하는 환경들은 우리가 통제할 수 없기 때문에 "주께서 원하시면 우리가 무엇을 하든지, 내일 어떤 일이 있든지, 우리는 하나님을 신뢰할 것이다"라고 말해야 한다. 이렇게 하려면 우리는 영원하지 않은 것에 대해 정신적으로나 감정적으로 준비되어 있어야 한다.

영원하지 않은 이 세상

십 년이면 강산도 변한다는 말처럼 몇 년만 지나면 모든 것이 지금과는 다르게 변해 있을 것이다. 이 세상에 영원한 것은 없다. 변화만 있을 뿐이다. 테네시 윌리엄스Tennessee Williams는 "일시적이라는 개념에 대해 우리는 모두 두려워하고 있다"고 말했다.1 주님은 세 번에 걸쳐서 이 현실에 제자들을 준비시키려고 하셨다. 마가복음 8장에 "인자가 많은 고난을 받고 장로들과 대제사장들과 서기관들에게 버린 바 되어 죽임을 당하고 사흘 만에 살아나야 할 것을 비로소 저희에게 가르치시되 드러내놓고 이 말씀을 하시니"(31-32절)라는 말씀이 나온다. 제자들의 첫 반응은 부인이었다. 베드로는 주님을 꾸짖기까지 했다(32절). 예수님이 제자들에게 두 번째로 말씀하셨을 때에도 "제자들은 이 말씀을 깨닫지 못하고 묻기도 무서워"했다(9:32). 제자들은 그런 이야기를 하고 싶지 않았다. 마침내 예루살렘에 이르러 세 번째로 말씀하실 때에 제자들은 두려움을 느꼈다(10:32-34를 보라). 제자들에게 미리 말씀해 주신 예수님의 의도는 그들이 겪을 큰 상실에 대비시키고 소망을 주고 싶었기 때문이다. 그들은 박해를 받을 것이고 예수님은 죽임 당하실 것이지만 다시 살아날 것이있다.

인생의 위기를 극복하고 살아남으려면 우리는 영원을 염두에 두어야 한다. 왜냐하면 그리스도 밖에 있는 사람들에게 시간은 인생을 집어삼키는 사자와 같기 때문이다. 영원을 염두에 두지 않는다면 우리는 마음의 겨울을 보내는 동안 감정의 어려움 때문에 희망의 여름을 볼 수 없을 것이다. '거짓된 현실'은 내일의 희망에 대한 가능성을 덮어버린다. "성도의 죽는 것을 여호와께서 귀중히 보시는도다"(시 116:15)라고 한 시편 기자의 이야기는 시간의 관점에서 보면 잘 이해되지 않는다. 그것은 영원의 관점에서 볼 때에만 이해할 수 있다.

슬픔의 단계

인생에서 위기나 상실을 경험할 때 우리는 어떻게 반응해야 할까? 고심하여 정직하게 짜놓은 계획을 무너뜨리는 것은 무엇이든지 위기가 될 수 있다. 직장이나 건강, 배우자나 사랑하는 사람, 혹은 개인의 꿈을 상실하는 것도 위기가 될 수 있다. 시간이 하나님의 손에 달려 있다는 것을 우리가 보지 못할 때 상실은 우울증의 씨앗을 뿌린다. 이때 우리가 처음 보이는 반응은 부인이다. 위기나 상실을 받아들이기를 거부하는 것이다. 어떤 사람들은 진실을 직면하는 것이 너무나 고통스럽다고 생각한다. 그들은 의식적으로 또는 무의식적으로 '이건 전부 나쁜 꿈이거나 누가 날 가지고 놀려는 수작이야. 난 이게 진짜라고 생각하지도 않을 거야'라고 생각한다. 혹은 위기나 상실이 실제로 발생했다는 생각을 머릿속에서 일부러 밀어내기도 한다. '이건 내일이나 아니면 다음 달에 처리해야지.' 어떤 사람들에게는 너무나 믿을 수 없는 일이기도 하다. 그들은 '어떻게 이런 일이 나한테 일어날 수가 있지? 나는 선한 사람인데'라며 의아해한다. 또한 상실한 것을 회복하려고 시도하거나 위기나 상실이 발생하지 않은 것처럼 여기고 살아가기도 한다.

대학원에서 내가 지도했던 학생 한 명은 우울증이었는데 일자리에서 정리해고를 당했다. 그의 능력이 부족해서가 아니라 회사의 구조 조정 때문이었지만 그는 아내에게 말하는 것이 창피하여 이를 감당할 수 없었다. 현실을 부정하고 싶은 마음에 그는 다음 월요일 아침에도 옷을 차려입고 평소처럼 회사로 출근했다. 수요일이 되자 사장은 경찰을 부를 수밖에 없었다. 사실을 부정하는 일은 30초간 지속될 수도, 30년간 지속될 수도 있다. 그러다 마침내 진실을 직면하게 되면 그들은 자신들에게 일어난 일이 공평하지 않다고 분노하거나 원망한다. 그들은 '왜 이런 일이 나한테 일어나는 거지?'라고 생각하면서 자신의 분노를 다른 사람에게 쏟아내기도 하는데 어떤 이들은 위기의 원인을 하나님께 돌리며 분노하기도 한다. 죄의식이나 수치심을 느껴서 자기 자신에게 분노하는 사람들도 종종 있다.

다음 단계는 타협이다. '어쩌면 내가 이 상황을 좀 바꿔볼 수 있거나 이 위기를 초래한 사건을 되돌릴 수 있을지도 몰라.' 그러나 이미 일어난 일을 바꾸거나 결과를 되돌리기 위해서 자신이 할 수 있는 일이 없다는 것을 발견하면 사람들은 우울 상태에 빠진다. 그들은 자신이 처한 상황은 절망적이고 자신은 아무 일도 할 수 없다고 믿는다. 상황을 되돌려보려 하지만 할 수 없다. 이제 그들은 자신이 현재와 같은 환경에서 계속 살아갈 수 있을지 확신이 없다. 이런 끔찍한 상실은 도저히 견뎌낼 수 없을 것만 같다. 그들 영혼에 겨울이 찾아온 것이다. 이제는 여름이 어떤 것인지 상상조차 할 수 없다. 여름이 오기는 할까?

설명하려는 경향

완전과 성숙을 지향하는 인생길에서 우리는 모두 어려운 시기를 만나게 된다. 어린 시절의 실수나 십대의 방황, 청년기의 오해나 어른이 돼서 겪게 되는 갖가지 문제들을 통하여 우리는 그것들을 어떻게 받아들이고 성장할 것인지를 배운다. 어떤 것들은 필요 이상의 고민거리가 되기도 한다.

같은 위기를 겪으면서도 어떤 사람은 다른 사람보다 빨리 회복한다. 어쩌면 그 사람은 다른 사람보다 신체적으로 더 건강하거나 더 적극적인 지원을 받는 인간관계를 가지고 있을지도 모른다. 하지만 가장 중요한 결정 요소는 영적인 성숙이다. 우리의 회복 능력은 우리에게 일어나는 사건들을 이해하는 방식에 달려 있다. 우리가 절망으로 반응할지 또는 믿음으로 반응할지는 삶의 환경, 우리 자신, 그리고 하나님에 대한 우리의 믿음에 달려 있다.

우리는 이미 배운 경험의 틀을 사용하여 시험과 환란을 해석한다. 우리는 일어난 일과 그 이유를 설명하려고 시도한다. 어려운 상황과 고통스런 사건을 어떻게 설명하느냐는 우리가 하나님과 자기 자신과 다른 이들에 대해 어떻게 믿고 있으며 인생을 어떻게 바라보느냐에서 나온다. 무기력의 학습성에 대해 선구적인 연구를 한 바 있는 마틴 셀리그만 박사는 매사를 설명하려는 사람에 대해서도 연구했다. "자신에게 닥친 크고 작은 불행의 원인이 무엇이라고 생각하십니까?' 라고 물으면, 쉽게 포기하는 사람들은 자신의 불행에 대해 습관적으로 '그건 다 나 때문이야. 영원히 그럴 거야. 내가 뭘 하든 불행은 기본이야' 라고 이야기한다. 불행에 굴복하기를 거부하는 사람들은 '이건 그냥 환경일 뿐이야. 어쨌든 금방 지나갈 거야. 더구나 내 인생에는 아직 남은 게 많아' 라고 말한다."2

셀리그만에 따르면 우리는 위기에 대처하는 방법으로 제각기 설명하려는 태도를 발전시켜왔다. 어떻게 설명하느냐에 따라 얼마나 빨리 회복할지 혹은 회복 자체가 가능할지 여부가 결정된다. 이렇게 설명하려는 사람들의 논리는 다음과 같이 세 가지의 정신적 요소로 구성되는데, 곧 '영구성, 침투성, 개인화' 이다.

영구성

이것은 영원히 지속될 거야

회복의 속도는 위기의 결과가 우리에게 미치는 영향을 우리가 장기적이라고 생각하는지 아니면 단기적이라고 생각하는지에 따라 크게 영향을 받는다. 만일 지금의 문제가 평생에 걸쳐 부정적인 영향을 줄 것이라고 생각한다면 비관적이 될 것이다. 상황이 절망적이라고 믿고 그 결과로 우울해진다. 이러한 사고 형태는 너무 일반적이어서 사실 인식하기도 쉽지 않다. '아내가 짜증을 내는군. 기분이 별로 안 좋은 게 분명해' 라고 남편이 생각했다고 가정하자. 이것은 일시적인 문제이고 그 남편에게 아주 미미한 영향만을 남길 것이다. 그는 아내의 기분이 나아질 때까지 충돌을 피하기로 결정할 수 있다. 그렇지만 만일 남편이 '아내가 짜증을 내는군. 참 짜증이 많은 사람이야' 라고 생각한다면 이것은 장기적인 문제이고 남편의 반응은 다음과 같이 다양해질 수 있다.

- "그냥 무시해야지." 이것은 부인이다.
- "짜증 부리지 못하게 해야겠군." 이것은 분노이다.
- "좀 달래봐야지." 이것은 타협이다.
- "내가 바꿔줘야지." 결과는 우울해질 것이다!
- "피하는 게 상책이야." 이것은 체념이다.
- "아내를 사랑하고 함께 잘 지내는 법을 익혀야겠군." 이것은 수용이다.

위기의 단계 중에서 우울의 단계에 도달한 사람은 중대한 기로에 서게 된다. 어떤 사람은 자신의 어려운 처지를 영구적이라고 믿고 체념할 수도 있고 혹은 영구적이지 않다고 보고 수용하는 단계에 이를 수도 있다. '내가 이미 일어난 일을 바꿀 수는 없지만 하나님의 은혜로 나 자신을 바꿀 수는 있어. 이 위기를 지나면 나는 더 나은 사람이 될 수 있을 거야.'

어떤 신학생 부부가 아이를 갖기 위해 가능한 모든 방법을 시도했다. 그들의 얼굴에는 하나님에 대한 실망감이 여실히 드러나 있었다. 하지만 그들은 아직 아이를 갖는 희망을 포기하지 않았다. 그들에게 남은 마지막 선택은 무척 많은 비용이 들 뿐 아니라 자연스럽지 않은 방법으로 아이를 갖는 것이었다. 처음에는 하나님께

화가 났고 다음에는 하나님과 타협을 하려고 시도했다. '주님, 저희가 선교지에 가기로 결정하면 저희에게 자녀를 주시겠습니까?' 그러나 하늘로부터 돌아온 것은 침묵뿐이었다. 나는 그들에게 "하나님은 두 분이 자녀를 갖는 것을 원하지 않으실지도 모르지요"라고 이야기했다. "그냥 포기하라고요?"라고 부인이 말했다. "아뇨, 그건 체념한다는 말이고요." 내가 대답했다. "내 생각에는 두 분이 다시 하나님을 신뢰하고 두 분의 인생을 위한 하나님의 뜻을 받아들이는 것에 대해 생각해 봐야 할 것 같아요. 우리가 알지는 못하지만 두 분이 자녀를 가지면 안 되는 어떤 이유가 있을 수도 있어요. 우리는 큰 퍼즐의 작은 조각밖에 못 보지만 하나님은 전체 그림을 다 보시잖아요. 하나님이 두 분에게 자녀를 갖고자 하는 마음을 주셨다면 어쩌면 하나님은 두 분에게 다른 대안으로 입양을 생각해 보기를 원하실지도 모르는 거지요."

많은 위기나 상실에 인간은 속수무책이며 달리 어쩔 방법이 없다. 우리는 배우자의 사망이나 다리를 잃는 교통사고, 그 외에도 흉한 사고가 빈번한 이 타락한 세상에서 이런 결과를 어떻게 견디며 살아가야 할지 배워야 한다. 상실 자체는 영구적이지만 우리가 그 영향을 영구적으로 받아야 하는 것은 아니다. 위기는 어떻게 대처하느냐에 따라서 우리를 성장시킬 수도 있고 무너뜨릴 수도 있다. 하나님은 인생의 위기 때문에 우리가 파멸하기를 원하지 않으신다. 위기를 통해 우리가 누구인지와 우리의 성품과 믿음이 드러난다.

또한 어려운 환경은 인생의 항로를 수정하는 기회가 된다. 비행

사는 난기류를 만나면 고도를 높이거나 낮추는 것을 고려한다. 하지만 비행을 멈추는 것은 좋지 않은 선택이다. 누군가 말하기를, 굽은 길을 만나면 그 길을 따라 돌기만 하면 되지 우리 앞에 길이 끊긴 것은 아니라고 했다.

조니 에릭슨 타다Joni Eareckson Tada는 수영장 사고로 몸이 마비 되었을 때 자신의 인생이 막다른 길에 이르렀다고 느꼈다. 1993년 6월에 한 방송과의 인터뷰에서 "나는 인생을 끝내고 싶었지만 실행에 옮기지 못했고 그 좌절감 때문에 우울증만 더 심해졌지요. 자포자기한 나는 한 친구에게 이 모든 것을 끝낼 수 있게 도와달라고 애원했답니다."3 감사하게도 그는 삶을 끝내지 않았고 하나님은 그가 굽은 길을 따라 잘 돌아서 수백만 명의 사람들에게 축복이 되게 하셨다.

주님은 우리가 가진 문제를 결코 영구한 것으로 보지 않으신다. 주님에게는 일시적인 문제일 뿐이다. "우리의 잠시 받는 환난의 경한 것이 지극히 크고 영원한 영광의 중한 것을 우리에게 이루게 함이니"(고후 4:17). 주님은 어려움에 빠진 이스라엘 백성에게 다음과 같이 말씀하셨다. "나 여호와가 말하노라 너희를 향한 나의 생각은 내가 아나니 재앙이 아니라 곧 평안이요 너희 장래에 소망을 주려 하는 생각이라"(렘 29:11). 이스라엘 자녀들이 하나님을 심하게 실망시켰을 때에도 하나님은 자비를 베풀어 잃은 것을 회복시켜 주셨다. "내가 전에 너희에게 보낸 큰 군대 곧 메뚜기와 늣과 황충과 팟종이가 먹은 햇수대로 너희에게 갚아주리니"(욜 2:25). 우리가 어떤 상실로 고통을 당하든지 하나님은 결국 그것들을 바로잡아

주신다.

우리가 우울의 암흑 속에 갇혀 있을 때는 하나님의 자비는 잠깐이고 분노는 영원하다는 거짓말을 믿기가 쉽다. 하지만 진실은 이와 반대다. "그 노염은 잠깐이요 그 은총은 평생이로다 저녁에는 울음이 기숙할지라도 아침에는 기쁨이 오리로다"(시 30:5). 여름의 온기가 느껴지지 않는다 해도 겨울은 영원하지 않다. 우리는 여름이 올 것이라는 믿음을 선택해야 한다. 자신의 위기가 영원히 지속되리라고 느껴진다면 예레미야의 이야기를 생각해 보라.

> 내 고초와 재난 곧 쑥과 담즙을 기억하소서 내 심령이 그것을 기억하고 낙심이 되오나 중심에 회상한즉 오히려 소망이 있사옴은 여호와의 자비와 긍휼이 무궁하시므로 우리가 진멸되지 아니함이니이다 이것이 아침마다 새로우니 주의 성실이 크도소이다(애 3:19-23).

침투성

이 일이 내 평생을 망칠 거야

침투성의 개념은 어떤 위기가 우리 삶의 다른 영역에도 영향을 미칠 수 있다는 것이다. 이런 식으로 생각하는 사람은 한 가지 시도에서 실패하면 자신은 완전히 실패한 사람이라고 결론을 내리거나 자신의 미래가 달려 있는 누군가에게 거절을 당하면 인생이 끝난다고 생각한다. 수잔은 남자친구와 헤어지는 고통스러운 과정을 겪었다. 그는 평생을 함께 보내고 싶었던 사랑하는 사람을 잃었기 때문에 슬펐다. '누가 나 같은 사람과 결혼하고 싶어할까?' 그는 회의에 빠졌다. 수잔은 처음 이틀과 한나절 동안 끊임없이 울었고 그 후에도 계속 울다 그치기를 반복했다. 그는 아무도 만나고 싶지 않았고 그래서 직장에 빠지기 시작했다. '어떻게 해도 결국 해고당할 텐데. 노력해서 뭐하겠어?' 친구들이 전화를 했지만 그는 다시 전화를 걸지 않았고 통화를 하더라도 차갑게 거리를 두고 대했다. 인생의 한 영역에서 경험한 상실이 다른 모든 영역으로 침투했던 것이다. 결과적으로 그는 희망이 없다고 느끼게 되었다.

하나의 상실이 우리 인생의 다른 영역에 침투하도록 방치하지 말라. 하나의 상실을 경험한다고 해도 우리는 패배자가 아니다. 한 가지 목표를 달성하지 못했더라도 우리는 실패자가 아니다. 정리해고를 당한다 해도 그것이 우리가 무책임한 아버지, 나쁜 남편, 무능력한 주일학교 선생님이라는 의미는 아니다. 이렇게 생각하는 이유는 우리의 자존감을 하나의 관계, 하나의 경험, 하나의 생각, 또는 하나의 계획에 두려고 하기 때문이다. 계획이나 관계가 지속되거나 실현되지 못할 때에도 자신을 실패자라고 판단하는 우를 범하지 말라.

애통의 시간

무언가를 잃고 애통해하는 것은 자연스럽고 당연한 반응이며 분명히 죄가 아니다. 이것은 우리가 잃은 그것이 도덕적으로 선한 것이든 도덕적 가치가 없는 중립적인 것이든 동일하다. 사랑하는 사람을 잃는 것에 대해서 바울은 "형제들아 자는 자들에 관하여는 너희가 알지 못함을 우리가 원치 아니하노니 이는 소망 없는 다른 이와 같이 슬퍼하지 않게 하려 함이라 우리가 예수의 죽었다가 다시 사심을 믿을진대 이와 같이 예수 안에서 자는 자들도 하나님이 저와 함께 데리고 오시리라"(살전 4:13-14)고 말한다. 우리의 소망은 그리스도의 완성된 사역에 있는 것이지 통제할 수 있는 권리나 능력도 없는 이 세상의 것에 있는 것이 아니다. 우리가 잃은 것에 대해 슬퍼하는 이유는 어떤 사람이나 장소나 생각이나 사물에 애착을 가졌기 때문이다. 슬픔의 정도는 잃은 것에 대해 우리가 가졌던 애착의 정도로 결정된다.

상실을 겪으면서도 여전히 승리할 수 있다

바울은 바리새인의 전통과 자기 민족의 관습에 깊은 애착을 가지고 있었고 이제껏 자신의 지위에 오르기 위해 열심히 노력했다. 바울이 이 모든 것을 버리기 위해서는 하나님의 엄청난 개입이 필요했고 이 일은 다메섹으로 가던 길에 갑자기 일어났다. 바울이 계획한 모든 미래는 순식간에 산산조각 나버렸다. '하나님, 왜요? 왜 제게 이런 일을 하십니까? 하나님을 위해서 저만큼 열정적인 사람이 어디 있습니까?' 설상가상인 것은 그의 유일한 희망이 자신이 그렇게 심하게 박해하던 교회에 있다는 사실이었다. 훗날 이 일을 기억하며 바울은 다음과 같이 썼다.

> 그러나 무엇이든지 내게 유익하던 것을 내가 그리스도를 위하여 다 해로 여길 뿐더러 또한 모든 것을 해로 여김은 내 주 그리스도 예수

를 아는 지식이 가장 고상함을 인함이라 내가 그를 위하여 모든 것을 잃어버리고 배설물로 여김은 그리스도를 얻[으려 함이니](빌 3:7-8).

순교한 선교사 짐 엘리엇Jim Elliot은 "영원히 잃어버릴 수 없는 것을 얻기 위해 영원히 간직할 수 없는 것을 포기하는 자는 바보가 아니다"4라는 기록을 남겼다. 우리가 현재 가지고 있는 것은 모두 언젠가는 잃게 된다. 영적이며 영원한 것을 얻기 위해 자연적이고 일시적인 것을 희생하는 자세가 사복음서의 중심 가르침이다.

누구든지 제 목숨을 구원코자 하면 잃을 것이요 누구든지 나를 위하여 제 목숨을 잃으면 찾으리라 사람이 만일 온 천하를 얻고도 제 목숨을 잃으면 무엇이 유익하리요 사람이 무엇을 주고 제 목숨을 바꾸겠느냐(마 16:25-26).

위의 구절에서 원어의 의미를 따르면 첫 구절에 나오는 '목숨' (프쉬케, psyche)은 자연적인 생명을 말하며, 두 번째 구절에 나오는 '목숨' (조에, zoe)은 하나님에게서 나오는 영적인 생명을 의미한다. 자신의 정체성과 목적과 삶의 의미를 물질 세상의 자연적 순리에서 찾는 사람은 결국 모두 잃겠지만 하나님 안에서 생명을 찾는 사람은 영원히 그 생명을 지킬 것이다. 우리가 스스로 어떤 이름을 붙이고 어떤 명성을 얻고 이 땅에서 어떤 지위에 오르고 어떤 보물을 모으든지 우리는 이 모든 것을 남겨두고 떠나야 한다. 이 땅에 대한 애착이 강하면 그리스도에 대한 우리의 애착은 약해진다. 우리의 생명과 정체성과 수용과 안전과 명예를 그리스도 안에서 찾는다면 어떤 것도 우리를 하나님의 사랑에서 떼어낼 수 없고 상실로 생긴 고통이나 무기력도 우리를 이길 수 없다.

상실을 경험한 후에 우울증이 계속된다면 이는 우리가 통제할 힘도 권리도 없는 사람이나 장소나 생각이나 사물에 과도하게 집착하고 있다는 사실을 의미한다. 사람들은 어차피 잃게 될 것이나 심지어 이미 잃은 것도 그냥 포기하지 않는다. 아프리카에서는 구멍을 뚫어 속을 비운 코코넛 껍데기에 줄을 달아 원숭이를 잡는데 줄의 다른 쪽 끝은 나무나 땅에 박은 말뚝에 묶여 있다. 그러고 나서 원숭이의 먹이를 속이 빈 코코넛 껍데기 안에 넣는다. 원숭이는 좁은 구멍으로 손을 집어넣어 먹이를 움켜쥐지만 일단 먹이를 손에 잡은 원숭이는 손을 꺼내지 못한다. 사람들은 줄을 풀어서 원숭이를 끌고 가기만 하면 된다. 왜 원숭이는 그냥 포기하지 못하는가? 아마도 우리가 포기하지 못하는 이유와 같을 것이다.

개인화

바로 나 때문이야! 전부 내 잘못이야!
세 번째 요소는 우리가 일으키지 않았거나 통제할 수 없었던 일에 대해서 개인적인 책임을 지는 것이다. 우울증이 있는 사람은 개인화 과정에서 다른 사람의 분노, 회사의 구조 조정, 안 좋은 날씨, 알지 못하는 미래, 그 외에도 수없이 많은 통제 불능의 다른 상황과 환경에 대해 개인적인 책임을 느낀다. 부모가 이혼을 하면 아이들은 그것이 자신의 잘못이라고 생각하고는 우울증에 빠지기도 한다. 완벽주의자들이 종종 우울증으로 고생하는데 자신을 비난하는 경향 때문이다. 한 가지 작은 위기가 그들의 이상적인 세계를 뒤흔들면 그들은 '내 잘못이야' 라고 믿는다. 스스로 정한 목표를 이루기 위해 노력하면서 어떤 실패나 위기에 대해 과도하게 민감한 반응을 보이기도 한다.

개인화는 사람들이 가지고 있는 현실에 대한 개념을 왜곡한다. 회사에서 위기가 발생할 때 어떤 사람들은 '내가 지금 무슨 일을 저지른 거야?' 라고 생각한다. 어떤 사람들은 사건을 집요하게 검토해서 자신의 잘못이 무엇인지를 찾아낸다. 그들은 '만일 이렇게 했더라면' 하는 생각에 몰두한다. '만일 내가 그렇게 했더라면 여자친구가 나를 떠나지 않았을 텐데. 만일 내가 해군에 입대했더라면 기회가 있었을 텐데.' 그들의 정체성과 자존감은 인생에서 일어나는 사건들의 결과에 의해서 부당하게 결정되고 있다.

삶의 모든 위기와 불완전성을 모두 자기 책임이라고 스스로를 비난하는 것은 실패하는 자기 정체성과 우울증을 계속 악화시킬 뿐이다. 이렇게 모든 일에 자책하는 많은 사람들은 아주 어린 시절에 부당한 비난을 받았고 그 결과 모든 부정적인 일에 자신이 무엇인가 책임이 있다고 믿게 된다. 바울은 "누구든지 일부러 겸손함……을 인하여 너희 상을 빼앗지 못하게 하라"(골 2:18)고 한다. 혹은 그들을 밤낮으로 비난하는 자 사단에게 속수무책으로 희생되기도 한다. 그들은 자신의 마음에서 벌어지는 영적 전투를 결코 이해하지 못하며 모든 생각을 사로잡아 그리스도께 복종시키는 법도 알지 못한다.

반면에 다른 사람을 비난하는 것은 냉혹하고 분노하고 자만하며 이기적이고 무자비한 사람이 되는 가장 확실한 길이다. 자기를 높이는 것self-exaltation은 자기를 비난하는 것self-condemnation만큼이나 나쁘다. "내게 주신 은혜로 말미암아 너희 중 각 사람에게 말하노니 마땅히 생각할 그 이상의 생각을 품지 말고 오직 하나님께서 각 사람에게 나눠주신 믿음의 분량대로 지혜롭게 생각하라"(롬 12:3). 남을 비난하는 것은 아무 이익이 없다. 그리고 우리 자신을 비난하는 것도 아무 이익이 없다. 자만도 잘못된 겸손도 인생의 시험과 시련에 대한 적절한 대응책은 아니다.

자유

'이제 내가 원하던 진급은 완전히 물건너갔어'(영구성). '나는 완전히 인생 낙오자야'(침투성). '우리 회사가 계약을 따내지 못한 건 내 잘못이야'(개인화). 영구성, 침투성, 개인화라는 정신적인 구성요소는 우울한 사람의 사고방식을 지배한다. 만일 한 영역에서 상실을 경험하더라도 그 상실을 인생 전체의 위기로 보아서는 안 된다. 위기는 특수한 경우다. 만일 오늘 위기를 경험한다고 해도 그것이 내일 우리에게 영향을 주도록 방치해서는 안 된다. 재빨리 잘 처리해야 한다. 만일 우리를 둘러싸고 있는 세상이 무너진다 하더라도 적절하지 않은 비난은 받아들이지 않아야 한다! 만일 잘못된 결정 때문에 고통을 받고 있다면 바꿀 수 있는 것은 바꿔 보고 손실을 최소화한 후에 다음 단계로 넘어가야 한다. 만일 우리가 고의로 죄를 지었다면 깨끗이 자백하라. "만일 우리가 우리 죄를 자백하면 저는 미쁘시고 의로우사 우리 죄를 사하시며 모든 불의에서 우리를 깨끗케 하실 것이요"(요일 1:9).

우울증은 우리가 믿는 바에 따라 잘 정리되어 있는 몸과 마음과 영혼을 엉망으로 만든다. 예수님은 "진리를 알지니 진리가 너희를 자유케 하리라"(요 8:32)고 말씀하셨다. 진리를 믿기로 선택하고 믿음으로 사는 것은 감정적으로 건강하고 생산적인 삶을 살기 위한 필수 선결 조건이다. 하지만 그 반대의 경우도 또한 사실이다. 즉 거짓말을 믿고 건전하지 않은 생각을 하는 것은 우울증을 조장하고 우리를 구속하기 시작한다. 우리는 자신이 믿고 생각하는 것을 바꿀 수 있으며 이것은 우울증에서 벗어나기 위해 반드시 해야 하는 일이다.

위기에 이르는 단계

오 해	사 실
영구적 : "언제까지나"	일시적 : "잠시 동안"
침투력 : "모든 일에"	특정적 : "이번 일에"
개인화 : "내가 문제야"	객관적 : "그게 문제야"

넓은 초장을 뛰어다니는 한 마리 개구리가 있었다. 전날 내린 비로 땅은 축축하게 젖어 있었다. 트럭 한 대가 초장을 지나면서

땅에 깊은 바퀴 자국을 남겼다. 안타깝게도 개구리는 바퀴 자국에 뛰어들었다가 갇혀버렸다. 개구리는 넘을 수 있을지 반신반의하면서 뛰어올라 보았지만 넘어가지 못했다. 바퀴 자국이 너무 깊었기 때문이다.

다음 날 몇몇 친구들이 그를 찾으러 나와서는 바퀴 자국에 갇혀 있는 그를 발견했다. 친구들은 다시 뛰어 보라고 격려했지만 그는 다 부질없는 짓이라고 말했다. 그는 영구적으로 바퀴 자국 안에 갇혀버린 것이다. '이제 난 아무 짝에도 쓸모가 없어.' 개구리는 생각했다. '전날 비가 내린 것도 아마 내 잘못이었을 거야. 더 좋은 개구리가 되지 못했다고 하나님이 벌을 주신 거야.' 그 주 내내 다른 개구리들이 그를 격려하러 왔지만 그는 여전히 바퀴 자국 속에 있었다. 그런데 여섯째 날 친구들은 들판을 뛰어다니는 그를 보고 깜짝 놀랐다. 친구들이 그에게 어떻게 빠져나왔느냐고 묻자 그는 이렇게 대답했다. "엄청나게 큰 트럭이 달려오잖아. 가만히 있다가는 죽을 것 같아서 뛰어나올 수밖에 없었어!"

우리는 위기에서 어떻게 빠져나오는가? 위기를 부인해서는 빠져나올 수 없다. 첫 걸음은 위기나 상실을 정확히 규명하고 균형 잡힌 시각으로 바라보는 것이다. 상실을 영원의 관점에서 분석해 보면 지금 인식된 상실이 과연 실제인지 아니면 상상일 뿐인지를 결정할 수 있다. 많은 사람들은 위기 순환 단계를 모두 거친 후에야(그림 7.1을 보라) 자신이 믿거나 들은 것이 사실이 아니라는 것을 발견한다. 이런 경우는 신체적인 질병에 걸린 초기 단계에서 쉽게 발생한다. 한 여인이 남편이 암으로 죽어가고 있다고 확신하고는 남편의 생명을 구하기 위해 하나님과 협상을 했는데 검사 결과 암이 아니었다.

상실

위기가 잠재적 상실에 불과할 때에도 분노, 타협, 우울에 빠지는 위기의 단계를 모두 거칠 수 있다. 할 바움첸과 내가 《다시 찾은 희망》이란 책을 저술한 이후에 한 변호사가 자신의 이야기를 해주었다. 그 사람은 일류 법률회사에서 일하고 있었는데 자신과 회사를 상대로 맞고소가 제기될 것이라는 소문이 나돌았다. 그는 그 문제에 대해 쉬지 않고 고민하기 시작했고, 마침내 그의 머릿속에서는 '하나의 가능성'이 '사실'로 인식되었다. 그는 감정적으로 너무 혼란스러워서 직장을 그만두고 병원 치료를 받았다. 일 년간 약을 복용한 후에 그는 우리의 책을 읽었다. 그는 자신이 겪은 상실은 그저 상상이었다는 사실을 깨달았다. 그는 엘리야가 그랬듯이 거짓말을 믿고 도피했던 것이다.

실제로 일어나는 모든 상실은 어느 정도의 슬픔을 가져온다. 상실을 부정하는 것은 우리에게 필요한 위로를 얻지 못하게 할 뿐이다. 예수님은 "애통하는 자는 복이 있나니 저희가 위로를 받을 것임이요"(마 5:4)라고 말씀하셨다. 그리스도인도 다치면 피가 나고 아프면 울 수밖에 없는 살아 있는 사람이다. 상실에 적응하는 데는 시간이 걸린다. 그렇지만 상실에 대한 과도한 애도는 우울증으로 변할 수 있고 이는 우리가 집착하는 대상에 너무 큰 가치를 부여했다는 의미다. 여기서 우리는 상실을 영원의 관점에서 정직하게 평가하고 바울이 권면하는 것과 같이 과거를 잊어버리고 하나님을 붙잡기로 결정해야 한다.

> 내가 이미 얻었다 함도 아니요 온전히 이루었다 함도 아니라 오직 내가 그리스도 예수께 잡힌 바 된 그것을 잡으려고 좇아가노라 형제들아 나는 아직 내가 잡은 줄로 여기지 아니하고 오직 한 일 즉 뒤에 있는 것은 잊어버리고 앞에 있는 것을 잡으려고 푯대를 향하여 그리스도 예수 안에서 하나님이 위에서 부르신 부름의 상을 위하여 좇아가노라 그러므로 누구든지 우리 온전히 이룬 자들은 이렇게 생각할지니 만일 무슨 일에 너희가 달리 생각하면 하나님이 이것도 너희에게 나타내시리라 오직 우리가 어디까지 이르렀든지 그대로 행할 것이라(빌 3:12-16).

비난하거나 죄책감을 느끼는 것은 상실에 대한 옳지 않은 반응이고 이는 슬픔의 기간을 연장할 뿐이다. 우리는 하나님이 "그 해를 악인과 선인에게 비취게 하시며 비를 의로운 자와 불의한 자에게 내리우심이라"(마 5:45)는 것을 알고 우리에게 주어진 시련을 받아들여야 한다. 우리는 모두 흰 매를 다고 있으며 우리 중 이느 누구도 시험과 시련을 겪지 않고는 여행을 마칠 수 없다. 아무리 완벽한 인생을 산다 할지라도 여전히 상당한 상실을 경험할 것이다. 우리가 그리스도 안에서 얻는 것이 우리가 견뎌야 할 어떠한 상실보다 훨씬 좋다는 것을 절대 잊지 말기 바란다. 우리는 하나님과 협상하려 해서는 안 된다. 우리는 겸손하게 하나님께 순종하고 평정을 비는 기도를 드린다.

> 하나님, 저에게 평정平靜을 허락하셔서
> 제가 바꿀 수 없는 것들을 받아들이게 하시고
> 바꿀 수 있는 것들을 바꿀 용기를 주시며
> 그 차이를 분별하는 지혜를 주옵소서.5

위기에서 회복되는 과정을 통해 우리는 나 자신이 정말 누구인지를 깊이 평가하게 된다. 우리는 자신의 정체성을 내가 하는 일에서 찾으려고 했지 그리스도 안에서 찾으려고 하지 않았다는 사실을 깨닫게 될 것이다. 자신의 정체성을 결혼에 두는 여자는 남편을 잃었을 때 큰 상실을 경험하지만 만약 하나님의 자녀 됨의 의미를 깊이 이해하는 여자라면 상실감이 덜할 것이다. 자신의 정체성을 일에서 찾는 남자는 일자리를 잃었을 때 훨씬 큰 상실감으로 고통당할 것이다. 우리는 한 목사로부터 다음과 같은 편지를 받았다.

저는 귀하의 《내가 누구인지 이제 알았습니다》와 《이제 자유입니다》를 읽었습니다. 제게 정말 필요한 두 가지 도구를 얻게 되어 감사의 마음을 표현하고 싶었습니다. 저는 15년 전에 이 교회를 세웠습니다. 우리는 이제 교회가 갈라진 사건에서 회복되는 첫 단계를 지나고 있습니다. 이런 고통을 이전에는 겪어본 적이 없습니다만 하나님 안에서 배우고 성장하는 아주 멋진 시간이었다는 점을 발견하고 있습니다. 귀하의 《내가 누구인지 이제 알았습니다》가 특별히 도움이 되었습니다. 저는 목사로서 목회 활동에서 제 정체성을 찾으려고 했지 성도로서 저 자신의 정체성을 찾는 데는 게을렀다는 것을 알았기 때문입니다.

위기는 우리가 누구이며 왜 여기에 있는지를 명확하게 알도록 도와줄 뿐 아니라 새로운 관계에 대한 필요성과 인생을 위한 새로운 각본을 만들 필요성을 촉구한다. 이런 변화들은 주 안에서 우리가 성장하기 위해서는 필수적이지만 우리는 스스로 그런 변화를 추구하지 않기 때문에 강권적인 역사가 필요하다. 두 번째로 달에 발을 디딘 버즈 올드린Buzz Aldrin은 "우울증 때문에 나는 41세의 나이에 처음으로, 가던 인생길을 멈추고 내 삶을 깊이 검토하게 되었다"고 말했다.6 하나님이 새로운 트럭으로 우리를 몰아내실 때까지 우리는 옛 트럭의 바퀴 자국 안에 갇혀 있기가 쉽다. 히브리서 12장 7-11절을 보면 이것이 우리 자신의 유익을 위해서 하나님이 훈련시키시는 방법이다.

너희가 참음은 징계를 받기 위함이라 하나님이 아들과 같이 너희를 대우하시나니 어찌 아비가 징계하지 않는 아들이 있으리요 징계는 다 받는 것이거늘 너희에게 없으면 사생자요 참 아들이 아니라 또 우리 육체의 아버지가 우리를 징계하여도 공경하였거든 하물며 모든 영의 아버지께 더욱 복종하여 살려 하지 않겠느냐 저희는 잠시 자기의 뜻대로 우리를 징계하였거니와 오직 하나님은 우리의 유익을 위하여 그의 거룩하심에 참예케 하시느니라 무릇 징계가 당시에는 즐거워 보이지 않고 슬퍼 보이나 후에 그로 말미암아 연달한 자에게는 의의 평강한 열매를 맺나니.

하나님은 우리가 하나님의 거룩함에 참예하기를 원하신다. 하나님이 훈련하시는 목적은 신실한 성품을 만들어내는 데 있다. 이 타락한 세상에서 살아가는 한 희생이 따르는 것은 필연적인 결과라는 것을 기억하자. 희생자로 남아 있을지 말지의 여부는 우리의 선택이다. 우리에게는 모든 위기를 견뎌내고 이전보다 좋은 사람이 될 가능성이 있다. 그 결과, 삶의 방식이 한층 고상해지고 더 신실해질 것이다. 그러므로 실망스러운 겨울이지만 눈을 들어 하늘을 보고 우리의 희망이 하나님께 있다는 사실을 기억하면 여름의 따스함과 가을의 추수를 다시 경험하게 될 것이다.

08 위기에서 살아남기

| Surviving the Crisis |

> 행복이 과대평가되어 있고 어떤 면에서는 산다는 것 자체가 과대평가되어 있다는 사실을 우리는 잊은 것 같다. 어쩌다 보니 우리 자신과 우리의 목적, 그리고 우리의 의미와 역할에 대한 신비감도 잃었다. 우리의 선조들은 두 종류의 세계가 존재한다고 보고 이 세상을 외롭고 가난하고 지저분하고 잔혹하고 덧없는 것으로 보았다. 우리 세대는 실제로 이 땅에서 행복을 찾고자 기대했던 첫 사람들인데 행복을 찾는다는 것이 오히려 우리에게 엄청난 불행을 가져다주었다. 이유는 무엇인가? 만일 우리가 또 다른 더 나은 세상을 믿지 않고 오직 우리 주변에 있는 평범하고 물질적인 세상만을 믿는다면, 그리고 행복할 수 있는 유일한 기회가 이 세상뿐이라고 믿는다면 그 세상이 우리에게 그 부를 넉넉히 나눠주지 않을 때 우리는 실망하는 정도가 아니라, 아마 절망할 것이다.
>
> 페기 누난, 전 미국 대통령 레이건과 H. W. 부시의 연설문 작성자

우리는 타락한 세상에 살고 있다. 이 땅의 삶은 항상 쉬운 것도 아니고 공정하지도 않다. 우리가 바라는 대로 세상이 돌아가기를 원하지만 많은 경우에 현실은 그렇지 않다. 정의가 승리하기를 원하지만 살아가면서 그런 일이 완벽하게 일어나지는 않는다. 결국에는 하나님이 모든 것을 바르게 처리하시겠지만 그때까지 우리는 불의한 세상에서 살아야 한다. 의롭게 사는 그리스도인들은 당연히 고통을 받지 않을 것이라고 생각하고 싶지만 초대교회의 성도들은 기성 종교 조직에 의해 엄청난 고초를 겪었다. 믿음을 나누었다는 이유로 폭행을 당한 후에 "사도들은 그 이름을 위하여 능욕

받는 일에 합당한 자로 여기심을 기뻐하면서 공회 앞을 떠나니라"(행 5:41). "무릇 그리스도 예수 안에서 경건하게 살고자 하는 자는 핍박을 받으리라"(딤후 3:12). 교회 역사상 그 어느 때보다도 오늘날, 가장 많은 그리스도인들이 자신의 믿음 때문에 순교하고 있다.

왜 고통을 겪는가?

첫째로, 그리스도인들은 의를 위하여 고통을 당한다. 우리가 그리스도의 고난에 동참하면 그의 영광에도 동참할 것이다(롬 8:17을 보라). "참으면 또한 함께 왕 노릇 할 것이요 우리가 주를 부인하면 주도 우리를 부인하실 것이라"(딤후 2:12). "그리스도의 고난이 우리에게 넘친 것같이 우리의 위로도 그리스도로 말미암아 넘치는도다"(고후 1:5).

둘째로, 고통은 우리가 지은 죄의 결과이거나 하늘 아버지께서 내리신 벌이다. 다윗은 죄의 결과로 주의 손이 몸과 마음을 짓누르는 것을 느꼈다(시 32:3-5을 보라). 그러나 욥을 정죄했던 친구들처럼 누군가 당하는 고통을 무조건 개인이 지은 죄의 결과라고 단정해서는 안 된다.

셋째로, 고통은 타락한 세상에서 살아가는 우리 인간의 연약함 때문에 온다. "그러므로 우리가 낙심하지 아니하노니 겉사람은 후패하나 우리의 속은 날로 새롭도다"(고후 4:16). 고통과 고난에 대해서 우리가 느끼는 본성적인 거부감과 상관없이 성경은 고난이 현실이고 믿음으로 사는 삶의 필수요소라고 말한다. 제임스 패커J. I.

Packer는 "그리스도인이 당하는 고통은 성경이 말하는 거룩을 완성하기 위한 것이고 믿는 사람에게는 일상적인 일"이라고 말했다.1

고통은 가치가 있다

신체의 고통은 중요한 경고 신호다. 어떤 의사는 이렇게 말한다. "고통은 무언가 행동을 취해야 한다는 신호다. 만일 행동하지 않으면 살아날 가능성이 줄어든다는 의미다."2 몸에 필요한 영양이 부족한 경우에도 사람은 고통을 느낀다. 고난은 우리에게 변화하라고 동기를 부여하는 하나님의 방법일지도 모른다. C. S. 루이스C. S. Lewis는 "우리의 즐거움에서 하나님은 속삭이시고, 우리의 양심에서 하나님은 말씀하시며, 우리의 고통에서 하나님은 외치신다"고 말했다.3

때로는 정신을 차리기 위해서 큰 고난이 필요할 때도 있다. 작은 시험이 닥칠 때는 정신을 잃고 혼란스러워하지만 큰 시험이 닥칠 때는 제 정신으로 돌아온다. 절망의 어둠은 "플라톤의 동굴과 같이 모든 사람이 자신을 알게 만드는 곳이다."4

고통은 성품을 완성한다

예수님은 고난을 통해 완전함을 이루셨고(히 2:10을 보라) 받으신 고난으로 순종함을 배우셨다(히 5:8을 보라). 성육신을 통해 완전한 하나님이신 예수님이 완전한 인간이 되셨다. 갓난아기에서 어른이 되기까지 예수님이 인성을 개발하신 과정은 우리가 따를 모범을 보여준다. 여기서 보면 그리스도는 이전에 불순종을 행하거나 죄의 흠이 있었던 것은 아니나 그분의 인성은 미성숙에서 성숙으로 성장해 갔음을 알 수 있다. 예수님은 자신이 겪은 고난을 통하여 긍휼이 풍성한 대제사장이 되어 고난 받는 백성을 도우신다(히 4:14-15을 보라).

자기중심의 삶에 대하여 죽고 이제 남을 위하여 사는 사람들에게서만 하나님의 사랑이 흘러나온다. 자기중심의 길을 가려는 옛 사람을 죽이는 데 고통이 따르는 것은 당연하다. 우리는 자기 방식을 쉽게 포기하지 못한다. "우리 자신이 그렇게 오랫동안 내 것이라고 주장하던 의지를 반환하고 포기한다는 것은 어디서 어떻게 그 일이 이루어지든지 간에 그 자체만으로도 대단한 고통이다."[5]

고통은 사랑을 가르친다

고통은 하나님과 우리 사이의 모든 거짓된 관계를 버리게 한다. 고통을 통하여 우리는 하나님 이외의 모든 도움을 끊고, 하나님이 주시는 것 때문이 아니라 하나님의 존재 자체 때문에 하나님을 사랑하는 것을 배우게 된다. 성 어거스틴은 "하나님이 우리에게 무엇인가를 주고 싶지만 그럴 수 없는 것은 우리의 손이 가득 차서 하나님이 무엇을 놓을 만한 공간이 없기 때문이다"라고 기록했다.[6] 고통을 통하여 우리는 손을 비우고 삶의 진정한 보배가 되시는 하나님 자신을 소유하게 된다. C. S. 루이스는 다음과 같이 썼다. "우리를 만드신 하나님은 지금 우리가 어떤 존재이며 우리의 행복이 그의 손 안에 있다는 것을 아신다. 그러나 하나님이 우리에게 행복을 추구할 수 있을 것처럼 보이는 다른 수단을 남겨두시는 한 우리는 하나님 안에서 행복을 찾으려고 하지 않는다. '내 인생은 나의 것'이라는 외침이 그럴듯한 의미로 들리는 한 우리는 그 인생을 하나님께 전적으로 드리지 않는다. 그때 우리의 유익을 위하여 하나님이 할 수 있는 일은 소위 '내 인생은 나의 것'이란 주장에 우리가 동의하기 어렵게 만들고 거짓된 행복의 요소를 제거하는 것뿐이다."7

고통은 이해를 돕는다

우리는 도덕적 갈등이 있는 세상에서 살고 있다. 성경의 역사는 엄청난 고통을 가져온 선과 악의 투쟁을 보여준다. 하나님도 함께 이 고통을 겪으시는데 바로 죄가 하나님의 창조에 미친 영향 때문이다. 하나님이 친히 "그들의 모든 환난에 동참"하셨다고 성경은 기록한다(사 63:9). 고통의 경험이 없다면 악의 실체도, 하나님의 성품인 우리를 향한 사랑도 이해할 수 없다. "악이 선한 사람의 양심에 들어갈 수 있는 유일한 방법은 오직 고통을 통해서다."8 C. S. 루이스는 "악하면서 즐겁게 사는 사람은 자신의 행동이 '해답'이 아니며 또 우주의 법칙과 어긋난다는 것도 도무지 알지 못하는 사람이다"라고 썼다.9

우리의 고난은 믿는 사람이나 믿지 않는 사람을 향한 하나님의 끊이지 않는 은혜를 증거할 좋은 기회일지도 모른다. 병원의 의사와 간호사들은 자신의 영생을 깨닫지 못하고 살려달라고 애원하며 간청하는 그리스도인들보다 고통 중에도 잘 견디며 두려움 없이 죽음을 직면하는 신실한 환자들에게서 더 큰 감동을 받는다.

다른 사람의 손을 통해서 하나님이 직접 훈련하는 것이든 또는 타락한 세상에 속한 자연적인 악이든, 고통의 원인이 그 무엇이든지 간에 모든 것은 하나님의 통제 아래 있다. 하나님의 무한한 지혜와 사랑 안에서 하나님은 궁극적으로 자신의 영광을 위해, 또한 우리의 성품을 단련시키고 우리가 이 세상에서 증인으로 살아가도록 하기 위해 우리에게 고통을 허용하신다. 피터 크리프트Peter Kreeft의 질문은 고통 중에 있을 때 마음에 새길 만하다.

아마도 우리가 이렇게 특별한 고통을 겪는 이유는 하나님이 이렇게 특별한 사랑으로 우리를 길들이려고 하시기 때문일 것이다. 아마도 우리가 이해할 수 없는 고통을 나누는 이유는 우리 자신이 이해할 수 없는 사랑의 대상이기 때문일 것이다. …… 아마도 우리는 하나님의 고통을 나눔으로써 좀 더 진실해질 것이다. 그것은 땅에서는 그리스도의 구원 사역에 참여함으로써 겪는 고통이고, 하늘에서는 고통과 기쁨의 정수인 자아의 죽음 곧 놀라운 삼위일체의 영원한 생명에 참여함으로써 겪는 고통이다.10

고통에는 한계가 있다

우리가 겪는 모든 고통을 완전히 설명한다는 것은 이 땅에 사는 동안에는 가능하지 않을 수도 있다. 하지만 하나님이 우리에게 허락하시는 고통에는 한계가 있다는 사실을 믿으라. 사단이 욥에게 고통을 줄 때에도 하나님은 분명히 한계를 정하셨고 우리 각 사람에게도 똑같이 그렇게 하신다. 어떤 사람들은 특별히 더 넓고 튼튼한 어깨를 가지고 있어서 하나님이 더 큰 짐을 주기도 하시고 의를 위해 욥이나 바울과 같은 고난을 당하도록 허락하신다. 고난이 닥칠 때 우리는 불신이라는 죄로 대응하려는 유혹을 받는데 '하나님은 나를 버리셨고 나에겐 희망이 없다' 라는 낙심의 형태이거나 아니면 분노나 반항의 형태로 나타난다. 고통을 받는 사람이 불신앙으로 반응하고 유일한 희망의 근원에서 떠나갈 때 사단은 또 한 번 승리하는 것이다.

고통은 희망을 품고 있다

성경은 하나님이 우리를 고난으로부터 지키시거나 고난을 빨리 없애주시리라고 약속하지 않는다. 오히려 하나님은 믿음으로 고난을 견딜 수 있는 은혜를 주겠다고 약속하셨다. 시편 기자는 "네 짐을 여호와께 맡기라 그리고 마음대로 살아라"고 말하지 않고 "네 짐을 여호와께 맡겨 버리라 너를 붙[들어주실 것이니]"(55:22)라고 말한다. 그와 마찬가지로 우리는 불안의 원인이 없어진다는 약속이 아니라 하나님의 평강을 경험한다는 약속을 받았다(빌 4:6-7을 보라).

우리의 고통 속에는 하나님의 능력과 위로가 존재한다. 하나님은 자비의 아버지시고 우리의 모든 문제 가운데 위로하시는 모든 위로의 하나님이다(고후 1:3-4을 보라). 헬라어로 '위로'는 '격려'로 번역될 수도 있다. 여기서는 '심한 어려움을 겪는 사람 곁에 서서 격려한다'는 의미로 사용되었다.11 여기서 현재형 동사가 사용된 것은 하나님의 위로가 반드시, 그리고 끊임없이 우리의 '모든' 고통 가운데 '항상' 함께한다는 것을 의미한다.

우울증을 극복하기 위해 아주 중요한 것은 이러한 희망의 관점인데 고통은 여기에 도움이 된다. 고통의 목적을 이해하고 마지막에 하나님이 모든 일을 제대로 이루실 것이라는 희망을 갖고 있다면 우리 앞에 닥친 고난을 달게 받아들일 수 있다.

고통은 하나님을 더욱 신뢰하게 한다

하나님의 임재를 느끼고 죄에 대하여 승리하는 삶을 살며 진리가 우리를 자유롭게 하리라는 사실을 알고 살아가는 삶은 멋지다. 살아가는 환경이 형통하고 우리 편일 때는 성공적인 인생을 경험한 것에 감사하라. 그러나 항상 그렇겠는가? 한동안 하나님의 임재를 느끼지 못하거나 선명히 보이던 하나님의 축복이 중단된다면 어떻겠는가? 우리는 하나님께 충실하게 순종했는데 갑자기 외부 환경이 욥과 같이 괴롭게 바뀌면 어떻겠는가? 우리 가족에게는 그런 일이 두 차례 일어났다. 만일 이사야 50장 10-11절에 나온 말씀이 아니었다면 우리 가족이 그 시험들을 견뎌낼 수 있었을지 잘 모르겠다.

너희 중에 여호와를 경외하며 그 종의 목소리를 청종하는 자가 누구뇨 흑암 중에 행하여 빛이 없는 자라도 여호와의 이름을 의뢰하며 자기 하나님께 의지할지어다 불을 피우고 횃불을 둘러 띤 자여 너희가 다 너희의 불꽃 가운데로 들어가며 너희의 피운 횃불 가운데로 들어갈지어다 너희가 내 손에서 얻을 것이 이것이라 너희가 슬픔 중에 누우리라.

지금 이사야는 주를 경외하고 하나님께 순종하지만 여전히 흑암 속을 걷고 있는 믿음의 사람에 대해 말하고 있다. 이사야는 죄의 흑암이나 이 세상의 어둠에 대해서 말하는 것이 아니라 우리의 존재를 먹구름처럼 덮고 있는 무거운 구름과 어둡고 불확실한 내일에 대해서 말하고 있는 것이다. 어제의 확신이 내일의 불확실성으로 바뀌었다. 하나님은 분명하게 드러났던 자신의 축복을 중단하셨다. 교회에 출석하는 것이 우울하게 느껴진다. 친구들은 더 이상 축복이 아니라 귀찮은 존재로 보인다. 참된 신자에게 이런 일이 일어날 수 있는가? 이런 어두운 시간은 왜 있어야 하는가? 이런 때에 우리는 무엇을 해야 하는가?

먼저 받은 계시의 빛 가운데 계속 걸어가라

먼저 이사야 50장 11절은 우리에게 계속 걸으라고 말한다. 빛이 있으면 우리는 다음 단계를 볼 수 있고 우리 앞에 놓인 길이 잘 보인다. 친구와 적을 알고 방해물이 어디 있는지도 볼 수 있다. 하나님의 말씀은 우리 발의 등이 되어 우리의 발길을 인도했지만 이제는 그것이 사실인지 고민하기 시작한다. 어둠이 우리를 덮어버린 것이다. 우리는 자신이 얼마나 감정적인지를 알고 부끄러워진다. 본능은 우리에게 '그만두고 앉아, 그만해!'라고 말한다. 하지만 말씀은 우리에게 진리로 아는 것을 따라 계속 믿음으로 살라고 격려한다.

우리 부부가 처음 경험한 흑암의 기간은 아내의 양쪽 눈에 백내장이 생기고 있다는 것을 발견한 이후였다. 1970년대 후반 당시 의사들은 60세 이하의 환자에게는 수정체 이식 수술을 하지 않았다. 아무 대안도 없이 아내의 두 눈이 흐려져서 거의 보이지 않을 때까지 우리는 두고 보는 수밖에 없었다. 그 후에 수술로 수정체를 제거했고 가장 두꺼운 백내장용 안경을 처방받아 착용해야 했다. 이 일은 아내에게 매우 충격적인 사건이었고 2년 동안이나 이런 어려움이 계속되었다.

목회자의 아내라는 것만으로도 충분히 짐스러웠을 텐데 이런 충격은 아내가 견디기에 너무 심했다. 아내를 위해서 나는 담임 목회자가 아닌 다른 방법으로 주님을 섬기는 것을 생각해 보았다. 하나님이 우리를 위해서 무엇을 준비하고 계신지 알지 못했지만 나는 박사 학위를 받으라고 인도하시는 것을 느꼈다. 내가 사역보다 아내의 행복에 우선순위를 두는 것을 보고 아내는 약간의 희망을 갖게 되었다. 교회 건물을 짓는 중이었기 때문에 우리는 건축이 끝날 때까지 머물러야 했고 새 건물을 헌당하고 몇 달 만에 하나님은 나를 담임 목사직에서 놓아주셨다. 나는 거의 박사 과정을 마치고 연구와 논문 쓰는 일을 앞두고 있었다. 게다가 나는 신학 학위를 하나 더 하고 싶은 생각도 들었다.

이때가 내 인생에서 가장 힘들게 공부했던 기간이다. 한 해 동안에 43학점을 이수했는데 17학점은 헬라어와 히브리어 과목이었다. 그 해 중반에 학위 자격시험을 봤고 그 해 말에는 연구와 박사학위 논문을 마무리했다. 또한 탈봇신학교에서 시간 강사도 했다.

그 해 초 우리는 무이자로 2천만 원을 빌릴 수 있으리라는 확신을 갖고 있었다. 대출금은 집을 팔고서 상환할 계획이었다. 그러면 당분간은 집을 팔지 않아도 되고 아이들을 같은 학교에 계속 보낼 수 있었다. 공부가 끝나면 하나님이 우리의 집을 준비해 주실 것이라는 확신이 있었다. 처음 6개월 동안은 삶이 우리의 계획대로 진행되었다. 그러고 나서 하나님은 불을 끄셨고 우리 앞은 깜깜해졌다.

그러던 중에 약속했던 2천만 원의 절반은 받을 수 없다는 소식을 듣게 되었다. 다른 수입이 없는 상태였기 때문에 냉장고는 텅 비어갔다. 일자리는 없었고 학업은 절반만 진행된 상태였다. 나는 스스로 성실한 사람이라고 생각해왔지만 이제는 가족에게 기본적인 필요조차 공급하지 못하는 벼랑에 서 있었다. 6개월 전에는 하나님의 부르심이 너무나 확실했지만 이제 우리는 불확실의 어둠에 둘러싸여 있었다.

모든 상황은 내가 학위 자격시험을 2주 앞두고 최고조에 이르렀다. 2주 연속으로 토요일에 치러진 예비 시험에서 박사과정 학생들 중 10%만이 통과했기 때문에 나는 상당한 압박을 느꼈다. 만일 시험을 통과하지 못하면 연구와 논문을 시작할 수 없었다. 우리는 이미 이 계획에 3년의 시간과 1천5백만 원을 투자한 터였고 지금은 다음 끼니를 어떻게 해결해야 할지도 모르는 상황이었다. 집을 가지고 있었지만 그 당시 이자가 너무 높아서 집이 팔릴 상황도 아니었다. 빚을 찾을 것이 아니라 우리 스스로 빛을 만들어야만 한다는 부담이 엄청났다. 몇 군데 사역할 자리를 알아보았지만 모두 우리에게 맞지 않아서 받아들일 수가 없었다. 내게 일을 하려는 의지가 없는 것은 결코 아니었다. 나는 리어카라도 끌며 가족의 생계를 부양할 수 있었다. 자존심의 문제도 아니었다. 우리는 그저 하나님의 뜻을 알고 그 일을 행하고 싶었던 것이다!

우리는 잘못된 결정을 내렸던 것은 아닌지 고민하기 시작했다. 지난여름에는 하나님의 인도하심이 너무나 명확했다. 그런데 왜 우리가 어둠 속을 걷고 있는가? 마치 하나님이 우리를 점점 좁아지는 어두운 깔때기 속으로 밀어 넣으시는 것 같았다. 더 이상 어두워질 수 없다고 생각할 무렵 우리는 좁은 구멍에 이르렀다! 가장 어두운 시간에 하나님은 우리가 깔때기의 구멍을 통과하도록 우리를 떨어뜨리셨고 모든 것이 분명해졌다.

어둠이 밀려난 것은 목요일 새벽 2시였다. 상황은 하나도 변하지 않았지만 내면으로는 모든 것이 변해 있었다. 나는 엄청난 흥분과 기쁨을 느끼며 일어났다. 아내도 깨어났고 무슨 일이 일어났음을 느낄 수 있었다. 우리는 놀라운 방법으로 하나님을 깨닫게 되었다. 음성이나 이상이 보인 것은 아니었다. 하나님은 그분 특유의 조용하고 부드러운 방법으로 우리의 마음을 새롭게 하셨다. 머릿속에 이런 생각이 들기 시작했다. '닐, 너는 믿음으로 살고 있니? 아니면 눈에 보이는 것으로 살고 있니? 지금 믿음으로 살고 있니? 지난여름에는 나를 믿었는데 지금도 나를 믿고 있니? 닐, 너는 나를 사랑하니? 아니면 나의 축복을 사랑하니? 나를 경배하는 거니? 아니면 내가 주는 축복을 경배하는 거니? 네 인생에서 나의 임재를 느끼지 못하더라도 나를 여전히 믿겠니?'

그때 우리는 이전에 알지 못했던 것을 알게 되었다. 내 영혼은 이렇게 응답했다. '주님, 주님은 제가 주님을 사랑하는 줄 아십니다. 당연히 저는 보이는 것이 아니라 믿음으로 살고 있습니다. 주님, 저는 주님이 어떤 분이라는 걸 알기 때문에 주님을 경배하며 주님은 결코 저를 떠나거나 포기하지 않으실 것을 알고 있습니다. 주여, 제가 삶에서 주님의 자리를 의심하고 우리의 모든 필요를 공급하실 능력이 있다는 것을 의심했으니 용서해 주십시오.'

이런 소중한 순간은 인간이 계획할 수도, 예상할 수도 없는 것이다. 또 절대 반복해서 일어나지도 않는다. 이런 순간들을 거치면서 우리는 이전에 성경에서 배운 것들을 몸소 체험하게 되었다. 우리의 예배는 정결해졌고 우리의 사랑은 확실해졌다. 믿음은 교과서적인 정의에서 살아 있는 실체로 바뀌었다. 우리가 하나님을 신뢰할 수밖에 없는 위치에 놓일 때 하나님에 대한 신뢰는 더 깊어진다. 우리는 신뢰하거나 아니면 우리의 믿음을 타협한다. 성경은 절대 불변하는 믿음의 법칙과 그 목표에 대한 지식을 주지만 우리는 삶의 무대에서 믿음으로 사는 법을 배웠다. 이것은 특히 환경이 우리 편이 아닐 때에 더 잘 적용된다. 주님은 우리를 좁은 구멍으로 통과시키신다. 그래서 우리가 부러지고 말 것 같은 순간, 갑자기 다른 편으로 빠져나오고 결코 예전 모습으로 돌아가지 않는다.

다음날 모든 것이 변했다. 탈봇신학교의 총장이 전화를 해서 어디 갈 곳을 정했냐고 물었다. 그는 자기와 이야기를 하기 전에는 다른 제안을 받아들이지 말라고 부탁했다. 그 주 금요일 오후에 총장을 만났고 그 자리에서 내가 그 후 10년간 있게 된 교수직을 제안 받았다. 그 날 저녁 열시에 예전에 함께 사역하던 사람이 우리를 방문했다. 우리는 그에게 그 시간에 우리 집에 왜 왔느냐고 물었고 그는 잘 모르겠다고 했다. 우리는 함께 생각해 보자고 했다. "뭔가 생각날 거예요." 반쯤 농담으로 우리는 우리 집을 사겠느냐고 물었고 그는 "어쩌면 그럴지도 모르죠!"라고 대답했다. 다음 주 화요일에 그의 가족이 우리 집을 사겠다고 제안했고 우리는 받아들였다. 앞으로 어디에서 살게 될지를 알았기 때문에 이제는 집을 팔 수 있었다.

그 날 아침까지 외부적인 환경은 바뀌지 않았었다. 하지만 내부적으로는 모든 것이 바뀌었다. 우리는 결코 바꿀 능력이 없는 것을 하나님은 순식간에 바꾸신다. 오래전에 우리 부부는 이런 어려운 시절을 견디게 했던 한 가지 약속을 했다. "우리가 지쳐 있을 때에는 중요한 결정을 결코 하지 맙시다." 이 약속 때문에 우리는 힘든 이사회의 결정이나 부정적인 메시지를 받고도 그만두지 않고 이겨낼 수 있었다. 내가 말하고자 하는 이야기의 핵심은 하나님이 빛 가운데에서 확실하게 보여주신 것이라면 우리가 비록 어둠 속에 있을지라도 의심하지 말라는 것이다. 우리는 이전에 받은 계시의 빛 가운데로 계속 걸어가야 한다. 만일 6개월 전에 진리였던 것이라면 그것은 지금도 진리이다. 만일 우리가 진지하게 하나님과 함께 동행한다면 하나님은 우리가 하나님을 사랑하는지 아니면 하나님의 축복을 사랑하는지를 결정하도록 시험하실 것이다. 하나님은 우리의 미래를 흐리게 하셔서 우리가 눈이나 감정이 아니라 믿음으로 사는 법을 배우도록 할 수도 있다.

하나님이 아내나 나를 떠나신 것이 아니었다는 사실을 기억하기 바란다. 하나님은 그저 당신의 임재를 우리가 느낄 수 없게 하심으로써 우리의 믿음이 감정에 의존하거나 특별한 경험에서 만들어지거나 축복을 통해 성장하지 않도록 하셨다. 어린 시절에 형편이 어려워 부모님이 크리스마스 선물을 못 사주었다고 해서 더 이상 부모님을 사랑하지 않을 것인가? 우리가 부모님의 지도와 도움을 거부하겠는가? 만일 하나님의 '어둠을 통한 사역'이 지금 우리를 둘러싸고 있다면 이전의 계시의 빛 가운데에서 계속 걸어가기를 바란다.

스스로 빛을 만들어내지 말라

이사야서에서 배워야 할 두 번째 내용은 우리 스스로 불을 피우지 말아야 한다는 것이다. 하나님의 방법이 보이지 않을 때 우리는 자연스럽게 우리의 방법을 쓰려고 한다. 말씀을 다시 보자. "불을 피우고 횃불을 둘러 띤 자여 너희가 다 너희의 불꽃 가운데로 ……

들어갈지어다"(50:11). 이 말씀에서 하나님은 심판의 불이 아니라 빛을 창조하는 불을 말하고 계시다. 사람들이 스스로 빛을 만들 때 어떤 일이 일어나는지 보라. "너희의 피운 횃불 가운데로 들어갈지어다 너희가 내 손에서 얻을 것이 이것이라 너희가 슬픔 중에 누우리라"(50:11). 주님은 "그래, 네 방식대로 해봐라. 내가 허락할 것이다. 그러나 불행이 따를 것이다"라고 말씀하신다.

성경에 나온 예를 보면 하나님은 아브라함을 우르에서 불러내 약속의 땅으로 가라고 지시하셨다. 창세기 12장에서 하나님은 아브라함에게 바다의 모래나 하늘의 별보다 더 많은 자손을 주겠다고 약속하셨다. 아브라함은 이 약속의 빛 가운데에서 살았고 어느 순간 하나님은 그 빛을 거두셨다. 그렇게 몇 달, 몇 년이 지났고 아브라함의 아내 사라는 더 이상 자연적인 방법으로 아이를 가질 수 없는 나이가 되었다. 전에는 하나님의 인도가 아주 분명했지만 이제 하나님의 약속을 완성하기 위해서 아브라함이 하나님을 도와야 할 것처럼 보였다. 아브라함이 스스로 빛을 창조한다고 누가 그를 비난할 수 있겠는가? 사라는 아브라함에게 자신의 몸종을 주었다. 여기에서 다른 한 나라가 나왔고 전 세계를 괴롭게 하는 갈등과 반목이 생겨났다. 유대계와 아랍계는 오늘날까지도 평화롭게 공존하여 살지 못한다.

하나님은 모세의 출생을 지휘했고 그를 보호하기 위해 필요한 것을 공급하셨다. 바로의 집에서 성장하면서 그는 애굽에서 두 번째로 높은 지위에 올랐다. 그러나 하나님은 모세의 마음에 자기 민족을 해방시키라는 부담을 주셨다. 모세는 충동적으로 칼을 꺼내 하나님을 도와 민족을 구원하려고 시도했고 하나님은 빛을 끄셨다. 사막에 버려져서 모세는 40년 동안 장인의 양떼를 지켰고 그러던 어느 날 사라지지 않고 불타는 떨기나무를 보았다(출 3:1-2을 보라). 그리고 하나님은 다시 빛을 켜셨다.

구름이 걷히기까지 우리도 40년을 기다려야 한다는 말은 아니다. 우리 일생에서 보통 사람이 이런 오랜 세월을 믿음으로 기다리기는 힘들다. 하지만 어둠은 몇 주 혹은 몇 달씩 계속되기도 하고 때로 특별한 사람들에게는 몇 년씩 지속되기도 한다. 하나님은 이 모든 것에 대해 직접 책임을 지시며 우리를 이끌어낼 구멍이 얼마나 작은지를 정확히 알고 계신다. "나는 빛도 짓고 어둠도 창조하며 나는 평안도 짓고 환난도 창조하나니 나는 여호와라 이 모든 일들을 행하는 자니라 하였노라"(사 45:7).

이제 아내와 내가 겪은 두 번째 어둠의 기간을 보자. 양쪽 눈에서 수정체를 제거하는 수술을 받은 지 5년이 지난 후 의사가 수정체 이식 수술을 하자고 제안했다. 5년 동안 의학이 많이 발전했고 수정체 이식 수술은 이제 입원하지 않고도 할 수 있는 보통 수술로 여겨졌다. 처음에 아내는 조금 꺼려했고 보험회사는 이 수술을 미용 수술로 분류하여 수술비를 부담하지 않으려고 했으나 결국은 허락했다. 이사아 나는 수술이 최선이라고 아내를 설득하여 확신을 주었다.

수술은 성공적이었지만 아내는 공포에 질린 상태로 마취에서 깨어났다. 이전에도 마취 수술을 받았었는데 왜 그렇게 두려워하는지 나는 이해할 수 없었다. 수술 전의 두려움은 이해할 수 있었다. 안구에 칼을 대는 것을 원하는 사람은 없을 것이다. 그런 생각을 하는 것만으로도 온몸이 후들거릴 만하다. 수술 후 아내의 감정 상태는 뭔가 이상했다. 마취 자체가 감정 상태에 영향을 미쳤던 것일까? 수술 후에 받은 간호가 이유였을까? 사실 의료보험 비용 때문에 많은 병원들이 낮에 수술을 하게 했고 그로 인해 수술 후에는 쉬거나 회복할 시간이 거의 없었다.

간호사들은 조앤이 마취에서 깨어날 수 있도록 내게 도움을 요청했다. 그들은 다음 환자를 받기 위해서 앞에 온 환자를 빨리 퇴원시키려고 했다. 조앤은 여러 환자들 중의 한 명일 뿐이었다. 대부분의 환자들은 그보다는 더 깊은 정서적인 도움이 필요하다. 만일 조앤이 여유 있게 회복하도록 병원에서 그 날 밤을 지낼 수 있었다면 그의 회복은 훨씬 빨랐을 것이다. 그 날 오후 감정적으로 안정되지 않은 아내를 데리고 집으로 오는 길은 우리 부부에게 힘든 일이었다.

이런 일이 영적 전투가 될 수 있다는 사실은 다음날이 되자 확실해졌다. 조앤은 자기 눈에 있는 이물질을 빼내야 한다고 생각했다. 수술은 성공적이었고 이런 생각을 한다는 것은 말도 되지 않았다. 아내는 20-30%의 시력을 회복했다. 당시 우리는 마음에서 벌어지는 전투에 대해서 오늘날과 같이 잘 이해하지 못했다. 바울은 "그러므로 내가 한 법을 깨달았노니 곧 선을 행하기 원하는 나에게 악이 함께 있는 것이로다"(롬 7:21)라고 썼다. 조앤이 맞서 싸우던 악은 물리적인 것이 아니었다. 그것은 매우 연약한 순간에 다가온 사단의 거짓말이었다.

지금 이것을 회상하는 것은 고통스러운 일이다. 피할 수 없는 엄청난 일들이 일어났기 때문이다. 염려와 싸우던 조앤은 마침내 불면증과 우울증에 빠졌다. 아내는 안과 의사에게서 주치의에게 보내졌고 다음에는 부인과 의사에게, 다시 정신과 의사에게로 옮겨가며 진료를 받았다. 그러나 어떤 의사도 조앤의 신체적인 문제를 찾을 수 없었기 때문에 정신이나 호르몬에 문제가 있을 것이라고 추측했다. 그들은 호르몬, 항우울제, 수면제 등을 시도해 봤지만 어느 것도 효과가 없었다. 식욕을 잃고 몸무게는 눈에 띄게 줄었다. 이로 인해 조앤은 다섯 번이나 입원을 했다.

이것도 결국 지나갈 것이다. 의학의 도움을 받는 비용이 엄청나게 비싸졌다. 우리는 보험 한도를 소진하고 병원비를 내기 위해서 집을 팔아야 했다. 조앤은 어머니나 아내로서의 역할을 할 수 없었다. 딸아이는 만일 엄마가 죽는다면 자기가 견딜 수 있을지를 걱정했다. 아들은 위축되었다. 나는 내 역할에 혼란을 느꼈다. 내가 조앤에게 목사나 상담가, 혹은 훈련자였던가? 아니면 그냥 남편이어야만 할까? 나는 조앤의 삶에서 내가 할 수 있는 유일한 역할은 남편이 되는 것이라고 결론을 내렸다. 만일 누군가 조앤을 고쳐야 한다면 내가 아닌 다른 사람이어야 했다. 내 역할은 매일 조앤에게 "이것도 결국 지나갈 거야"라고 이야기해 주는 것이었다. 우리는 몇 주나 혹은 몇 달 동안 이 문제가 계속될 거라고 생각했지만 이 문제는 15개월에 걸친 긴 고통이 되었다. 깔때기는 점점 더 좁아졌다. 이사야 21장 11-12절은 우리에게 큰 의미가 있다.

사람이 세일에서 나를 부르되 파수꾼이여 밤이 어떻게 되었느뇨 파수꾼이여 밤이 어떻게 되었느뇨 파수꾼이 가로되 아침이 오나니 밤도 오리라.

아침이 반드시 온다는 진리에 근거하여 우리는 희망의 사역을 할 수 있다. 밤이 아무리 어두워도 아침은 온다. 항상 동트기 직전이 가장 어둡다. 가장 어두운 순간 조앤이 살지 죽을지도 알 수 없을 때에 아침이 찾아왔다. 조앤은 의학적인 희망만은 포기하지 않고 있었고 개인 병원을 하는 어느 의사를 추천받았다. 그는 즉시 조앤에게 약물 복용을 중단하고 B12 주사와 좋은 영양을 공급하는, 우울증에 대한 훨씬 균형 잡힌 접근방법을 처방해 주었다.

동시에 내가 교수로 있던 바이올라 대학교에는 기도의 날이 있었는데, 나는 강의 중간에 특별 기도 시간을 가지는 것 이외에는 그 행사에 관여하지 않았다. 학부 학생들은 그 날 저녁에 성찬식을 했고 대학원 강의를 하던 나는 보통은 참석하지 않았지만 그 날은 캠퍼스에 저녁까지 있었기 때문에 참석하기로 했다. 체육관 바닥에 학부 학생들과 함께 앉아서 성찬에 참여했는데 아무도 그 시간이 내 인생에서 가장 외롭고 어두운 시간이었다는 것을 몰랐을 것이다. 나는 하나님의 뜻을 행하고 최선을 다해 이전에 받은 계시의 빛 가운데 걸어가기로 헌신했다. 내가 한 어떤 행동도 조앤이나 우리가 처한 상황을 바꿔주지는 않았다.

아침이 온다. 조앤과 나는 한 번도 하나님을 의심하거나 우리의 상황이 괴롭다고 느낀 적은 없었다. 주님은 우리의 마음을 준비시키고 성도들의 개인적이고 영적인 충돌을 해결하도록 돕는 사역으로 우리를 인도하셨다. 우리가 하는 사역의 성격과 우리가 겪고 있는 일들이 연관되어 있다는 것은 느꼈지만 어떻게 대처해야 할지를 알지 못했다. 가족을 지키기 위해서 다른 사람들을 돕는 일을 버려야 할 것인가? 하나님은 우리의 사역을 유례없이 축복하셨지만 정작 우리 자신은 축복을 받지 못했다. 하나님은 우리가 소유했던 모든 것을 취하셨다. 우리에게 남은 것은 우리 서로와 하나님뿐이었고 더 이상 돌아볼 곳조차 없었다. 바로 그때 아침이 왔다!

만일 하나님이 내 마음에 말씀하셨다면 바로 그 성찬식에서였을 것이다. 음성이나 비전은 없었지만 그저 조용하고 부드럽게 우리의 마음을 새롭게 하시는 방법이었다. 그것은 설교 말씀이나 학생들의 간증을 통해서 다가온 것이 아니라 성찬식에 참여하는 과정에서 일어났다. 나의 마음은 다음과 같이 흘러가고 있었다. '닐, 자유를 위해서는 치러야 할 대가가 있단다. 내 아들의 생명으로 대가를 치렀다. 너도 그 대가를 치를 의지가 있느냐?' '하나님, 만일 그것이 이유라면, 그러겠습니다. 하지만 그것이 제가 하는 뭔가 바보 같은 일 때문이라면 저는 더 이상 그 일에 상관하고 싶지 않습니다.' 나는 문제가 끝났다는 내면의 확신을 가지고 체육관을 나섰다. 상황은 변하지 않았지만 내 마음은 아침이 왔다는 것을 알고 있었다.

일주일이 채 지나기도 전에 어느 날 아침 조앤이 말했다. "여보, 어젯밤에는 잠을 잘 수 있었어요." 그 날 이후 조앤은 자신이 회복의 길에 들어섰다는 것을 알게 되었다. 아내는 결코 뒤를 돌아보지 않았고 완전하고 완벽한 회복을 향해 계속 움직였다. 동시에 우리의 사역은 굉장한 도약을 했다. 이 모든 것의 핵심은 무엇인가? 왜 우리가 그런 시험을 겪어야만 했는가?

상한 심령이 사역의 열쇠다. 첫째로, 우리는 어둠의 시간을 통해서 우리 자신에 대해 많은 것을 배웠다. 남아 있는 우리의 옛 성품은 우리에게 왜 성경을 읽지 않느냐, 왜 더욱 노력하지 않느냐, 왜 더욱 기도하지 않느냐고 단순한 조언을 하지만 이런 것은 은혜로 벗어버렸다. 대부분의 사람들은 어둠의 시간을 지나며 옳은 일을 하고 싶어하지만 많은 사람들은 그럴 수 없거나 또는 자신들이 할 수 있다고 믿지 않는다. 이 시간을 통해 우리는 우리의 한계를 더 잘 알게 되었고 영원하지 않은 일시적인 것들을 끊어버리고 영원한 생명의 강에 우리의 뿌리를 깊이 내리게 되었다.

둘째로, 우리는 공감하며 사는 것을 배웠다. 인내심을 가지고 사람들을 기다려주는 법과, 슬퍼하는 사람과 함께 슬퍼할지언정 슬퍼하는 사람들에게 교훈하지 말아야 한다는 것도 배웠다. 희망을 잃은 사람들의 감정적인 필요를 채우는 방법도 배웠다. 교훈은 나중에도 할 수 있다. 이전에도 나는 사람들에게 관심을 보이는 사람이었지만 지금처럼 깊은 관심은 아니었다. 하나님은 은혜로운 방법으로 나에게 역사하셨다.

욥을 도우려고 했던 '친구들' 처럼 우리 주변에도 그런 친구들이 있었다. 그 친구들은 우리의 어두운 시간에 조언을 했지만 고백하건대 사실 그 조언들은 우리에게 상처가 되었다. 욥이 어두운 시간에 필요했던 것은 그저 같이 앉아 있어줄 몇몇 좋은 친구였다.

욥의 친구들은 한 주 동안은 그렇게 했지만 곧 인내심이 바닥났다. 우리는 교회로부터 특히 우리 곁에 서서 기도해 주는 사람들로부터 의미 있는 도움을 받았다. 만일 하나님이 모든 외적인 축복을 거두시고 몇몇 사람과의 의미 있는 관계만을 남겨주신다고 해도 그 관계만으로도 우리는 만족할 수 있을 것이다.

대부분의 세상 사람들은 음식과 옷으로만 만족하도록 배우는데 그들에게는 다른 선택의 여지가 없었기 때문이다. 바울은 "내가 비천에 처할 줄도 알고 풍부에 처할 줄도 알아 모든 일에 배부르며 배고픔과 풍부와 궁핍에도 일체의 비결을 배웠노라"(빌 4:12)고 했는데 이것이 우리가 배워야 할 중요한 내용이다. 욥의 마지막 소유는 처음보다 훨씬 많았다. 우리도 어려움이 지난 후 2년 만에 하나님은 우리가 잃은 모든 것을 채워주셨다. 다른 점이 있다면 이번에는 집이나 가족이나 사역에서 훨씬 더 좋은 것을 얻었다는 것이다. 하나님이 마지막에 모든 것을 아름답게 이루실 것이라고 믿고 격려를 받으라.

셋째로, 하나님은 우리 부부에게 우리가 가진 자원의 한계를 보여주셔서 결국 우리가 하나님의 자원을 발견할 수 있게 하셨다. 현대의 교회는 상한 심령에 대해서 그다지 많이 설교하지 않는데 이는 지상명령을 완성하지 못하게 하는 주원인이 된다. 사복음서에서 예수님은 우리에게 자기를 부인하고 매일 제 십자가를 지고 주를 따르라고 가르치셨다. 인자기 영광을 얻을 때가 되었을 때 "내가 진실로 진실로 너희에게 이르노니 한 알의 밀이 땅에 떨어져 죽지 아니하면 한 알 그대로 있고 죽으면 많은 열매를 맺느니라"(요

12:24)고 말씀하셨다. 우리가 고통 없이 죽을 수 있는 방법은 없지만 우리는 반드시 죽어야 하며 죽는다는 것은 우리에게 일어날 수 있는 가장 좋은 일이다. "우리 산 자가 항상 예수를 위하여 죽음에 넘기움은 예수의 생명이 또한 우리 죽을 육체에 나타나게 하려 함이니라"(고후 4:11). 만일 우리가 학위나 졸업장, 지위나 자신감을 의지한다면 하나님은 우리가 의지하고 만족하는 것들을 거두어가실 것이다.

바로의 궁정에 살던 모세는 이 땅의 모든 소유와 지위를 박탈당할 때까지는 하나님께 쓸모가 없었다. 척 콜슨Chuck Colson이 백악관에 있을 때는 하나님께 쓸모가 없었지만 감옥에 가서야 쓸모가 있었다. 나는 다섯 개의 학위를 받았지만 고난을 통하여 온전히 연단받기까지는 하나님께 별 쓸모가 없었다. 우리의 능력으로는 한 사람도 자유롭게 할 수 없지만 하나님은 그러실 수 있다. 내가 쓴 모든 책과 녹음테이프는 이 고난의 기간이 끝난 후에 이루어진 것이다. 그것이 전 세계에 퍼진 〈그리스도 안의 자유〉 사역의 탄생이었다. 운동선수들은 "고통 없이는 얻는 것도 없다"고 말하는데 이것은 영적인 세계에서도 사실이다. 이사야의 두 번째 요점은 이것이다. 스스로 빛을 창조하지 말라. 사람이 만든 빛은 절대 믿을 수 없다.

신뢰하기를 배우라

이사야의 마지막 요점은 "너희 중에 여호와를 경외하며 그 종의 목소리를 청종하는 자가 누구뇨 흑암 중에 행하여 빛이 없는 자라도 여호와의 이름을 의뢰하며 자기 하나님께 의지할지어다"(50:10) 이다. 암흑 속을 걷는 것은 신뢰를 배우는 것이다. 조앤과 나의 삶에서 그리고 우리의 사역에서 모든 괄목할 만한 성장이 있기 직전에는 대단한 시험의 시간이 있었다. 영적인 성숙의 가장 큰 표지 중 하나는 상 받기를 미룰 줄 아는 능력이다. 최종적인 시험이란 이 세상에 살면서는 아무 상을 받지 않고 앞으로 얻을 생명에서 상을 기대하는 것이다. 히브리서 기자는 다음 같이 표현했다. "이 사람들은 다 믿음을 따라 죽었으며 약속을 받지 못하였으되 그것들을 멀리서 보고 환영하며 또 땅에서는 외국인과 나그네로라 증거 하였으니 이같이 말하는 자들은 본향 찾는 것을 나타냄이라"(11:13-14). 39-40절에는 "이 사람들이 다 믿음으로 말미암아 증거를 받았으나 약속을 받지 못하였으니 이는 하나님이 우리를 위하여 더 좋은 것을 예비하셨은즉 우리가 아니면 저희로 온전함을 이루지 못하게 하려 하심이니라"고 나온다.

우리를 위한 하나님의 뜻은 닫혀 있는 문의 반대편에 있고 우리가 이쪽 문의 문제를 해결하기 전에는 하나님의 뜻이 무엇인지 결코 모를 수도 있다. 하나님이 하나님이시라면 그는 문의 반대편에 무슨 일이 있을지를 결정할 권한이 있다. 우리가 하나님께 그 권한을 드리지 않고 내가 알아서 하겠다고 고집힌디면 혼자서 게임을 하게 되고 이쪽 문에서 우리의 운명을 결정하게 될 것이다. 우리는 우리의 길을 갈 수 있겠지만 소명을 잃을 것이다. "어떤 길은 사람의 보기에 바르나 필경은 사망의 길이니라"(잠 14:12).

만일 조앤과 내가 오늘날 우리의 위치에 오기 위해서 우리 가족이 어떤 일을 겪을 것인지 미리 알았더라면 여기까지 오지 않았을 것이다. 하지만 뒤돌아보면 우리는 모두 "여기까지 오길 잘했다"고 말할 수 있다. 하나님은 이런 이유로 문 반대편에 있는 것이 무엇인지 보여주지 않으신다. 하나님이 마지막에는 모든 것을 제대로 만드시겠지만 히브리서 11장에 나오는 사람들과 같이 그것이 이 땅에 사는 동안에 일어나지 않을 수도 있다는 것을 기억하라. 하지만 육신의 생명이 끝나면 모든 믿는 사람들이 뒤를 돌아보며 하나님의 뜻은 선하고 받아들일 만하며 완벽하다고 말하리라 믿는다. 여기까지 오게 된 것에 감사한다.

09 우울증을 극복하기 위한 결단

| A Commitment to Overcome Depression |

사도 요한은 38년 동안 병자였던 한 남자의 이야기를 기록한다. 주님은 많은 소경, 절름발이, 중풍병자가 모여 있는 베데스다 연못에서 그를 만나셨다. 천사가 가끔씩 내려와서 물을 흔들 때 제일 먼저 연못에 뛰어드는 사람은 누구든지 치료를 받는다고 거기 있는 사람들은 믿었다. 하지만 불쌍한 이 사람은 연못의 물이 흔들리는 동안 연못에 내려갈 수가 없었다. 예수님은 "그 누운 것을 보시고 병이 벌써 오랜 줄 아시고 이르시되 네가 낫고자 하느냐"(요 5:6)고 물으신다.

이것은 잔인한 질문일 수도 있고 아니면 아주 심오하고 통찰력 있는 질문일 수도 있다. 그러나 주님이 질문을 하셨으니 분명히 후자일 것이다. "병자가 대답하되 주여 물이 동할 때에 나를 못에 넣어줄 사람이 없어 내가 가는 동안에 다른 사람이 먼저 내려가나이다 예수께서 가라사대 일어나 네 자리를 들고 걸어가라 하시니 그 사람이 곧 나아서 자리를 들고 걸어가니라"(7-9절). 문맥에서 보면 이 사람은 꼭 낫고 싶어하지 않았다. 그는 예수님께 치유해 달라고 하지도 않았으며 다들 못에 내려갈 때 늘 자신만 가지 못하는 이유가 있었다. "그 후에 예수께서 성전에서 그 사람을 만나 이르시되 보라 네가 나았으니 더 심한 것이 생기지 않게 다시는 죄를 범치 말라 하시니 그 사람이 유대인들에게 가서 자기를 고친 이는 예수라 하니라"(14-15절). 감사할 줄 모르는 이 사람은 예수님이 안식일에 자신을 고쳤다는 사실을 종교 지도자들에게 보고했다!

치료의 열쇠는 결단이다

낫고자 하는가? 자신을 낮추고 필요한 도움을 하나님과 다른 사람에게서 받을 생각이 있는가? 진실을 직시하고 빛 가운데 살아가려는가? 부분적인 답을 원하는가 아니면 완전한 해결책을 원하는가? 우리는 우리를 위해 이런 어려운 질문을 해야만 한다. 우울증으로 고통 받는 사람들 가운데 50% 이상은 도움이나 치료를 받지 않는다. 우울증에 대한 충분한 해답이 있더라도 본인이 치유 받기를 원해야만 하고 자유롭기 위해서 필요한 것이라면 무엇이든 할 의지가 있어야 한다. 어떤 치료에서나 핵심은 결단이다. 우리는 신속한 변화나 부분적인 답을 제공하지 않는다. 이 장에 있는 각 단계를 제안된 순서대로 따른다면 우울증에 대한 포괄적이고 충분한 답을 얻게 될 것이다.

회복은 다음과 같이 선언하는 데서 시작한다. "나는 문제가 있고 도움이 필요합니다." 여기까지 읽은 노력이 완전한 승리로 결실을 맺기 위해서는 필요한 도움을 얻겠다는 결단을 해야 한다. 우리에게는 모든 희망의 주인이신 하나님이 계시다. "하나님은 우리의 피난처시요 힘이시니 환난 중에 만날 큰 도움이시라"(시 46:1). 베데스다 연못의 병자 이야기는 하나님이 사람들의 의지나 믿음과 상관없이 사람들을 치유하는 완전한 능력을 가지고 계시다는 사실을 보여준다. 우리의 하나님 아버지는 자신의 말씀과 언약을 충실히 지키신다는 것을 우리는 확신해야 한다. "예수 그리스도는 어제나 오늘이나 영원토록 동일하시니라"(히 13:8). 그러므로 이제 우리는 우울증을 극복하기 위해서 다음과 같은 단계를 제안한다.

1. 하나님께 순종하고 마귀를 대적하라
마태복음 6:33, 야고보서 4:7

만일 우리가 회복을 원하고 자신의 태도와 행동에 책임을 느낀다면 우리에게는 희망이 있다. 스탠리 존스E. Stanley Jones는 "나는 부끄럽고 통제 불가능하며 함께 살 수 없는 자아를 그리스도의 발아래 내려놓았다. 그러자 놀랍게도 그는 내 자아를 다시 만드시고 왕국의 목적을 위해 성화시키시고 내게 다시 주셨다. 나는 이제 새로운 자아로 기쁘고 즐겁게 그리고 편안하게 살 수 있다."[1]

하나님과 그의 방법에 순종하고 완전한 답을 구하면서 하나님을 신뢰하라. 하나님만이 상한 마음을 치유하고 갇힌 자를 자유롭게 하신다. 하나님은 우리가 모든 것을 드릴 때 상한 마음에 놀라운 일을 하실 수 있다. 서구 사회에서 우리는 가능한 모든 자연적인 설명과 치료를 먼저 찾아보도록 배웠다. 이런 시도가 실패했을 때 우리가 할 수 있는 것은 기도밖에 없다. 그러나 말씀을 보면 순서가 다르다. "너희는 먼저 그의 나라와 그의 의를 구하라 그리하면 이 모든 것을 너희에게 더하시리라"(마 6:33). 무엇을 하든지 그리스도인이 처음 해야 하는 것은 기도다. 회복의 과정을 시작하기 위해서 다음과 같이 기도하라.

하늘에 계신 아버지, 주의 자녀로 주 앞에 나왔습니다. 주님께 완전히 의존하며 그리스도를 떠나서는 아무것도 할 수 없음을 고백합니다. 제 죄를 용서하기 위해 저 대신 예수님이 죽으시도록 이 땅에 보내주심을 감사합니다. 하나님의 부활의 능력으로 예수님을 무덤에서 살리시고 저도 영생을 얻을 수 있게 하신 주를 찬양합니다. 마귀가 이미 패배했고 제가 천국에서 그리스도와 함께 앉아 있다는 진리를 저는 믿기로 하였습니다. 그리고 제가 주의 뜻을 행할 능력과 주님이 원하시는 사람이 될 수 있는 능력과 권한이 있다고 믿기로 선택합니다. 제 몸을 산 제사로 바치고 주의 성령으로 채워주시기를 원합니다. 선하고 완전하며 수용할 만한 주의 뜻을 알고 그것을 행하는 것 외에는 아무것도 원하지 않습니다. 진리의 영이 오셔서 저를 이끌어 그리스도 안의 자유를 체험할 수 있게 하시기를 기도합니다. 오늘부터 빛 가운데로 걸어 나가며 사랑으로 진리를 말하기로 선택합니다. 주 앞에서 고통을 인정하고 죄와 의심, 그리고 신뢰가 부족함을 고백합니다. 이제 주님이 제 마음을 감찰하고 제 방법을 확인하셔서 내면의 상처를 주는 것이 있는지 살펴주시길 원합니다. 그리고 주의 성령의 능력으로 저를 영원한 길로 인도해 주시기를 바랍니다. 예수님의 귀한 이름으로 기도합니다. 아멘.

하나님과 친밀한 관계를 추구하라

완전한 답을 얻기 위해서는 우선 우리의 삶에 하나님의 임재가 있어야 한다. 예수님은 비인격적인 어떤 능력이 아니다. 그는 사람의 형상으로 우리 가운데 거하신 주님이며 구원자시다. 우리가 하늘의 아버지를 직접 만나게 하시려고 그는 모든 유혹을 받고 수치스럽고 고통스러운 죽음을 당하셨다. 그는 우리에게 **오라**고 초청하신다. 예수님은 "내게 오라"고 말씀하신다(마 19:14, 막 10:14을 보라). 예수님은 교회 건물이나 프로그램으로 우리를 초청하는 것이 아니라, 하나님의 임재 안으로 우리를 초청하신다. 우리의 삶에는 하나님의 임재가 필요하다. 그가 우리 삶의 원천이고 힘이기 때문이다. 히브리서에서는 또 다른 초청을 한다. "우리가 마음에 뿌림을 받아 양심의 악을 깨닫고 몸을 맑은 물로 씻었으니 참 마음과 온전한 믿음으로 하나님께 나아가자 또 약속하신 이는 미쁘시니 우리가 믿는 도리의 소망을 움직이지 말고 굳게 잡[자]"(10:22-23).

인류가 겪은 가장 큰 위기의 순간은 아담과 하와가 하나님과의 관계를 잃은 때였다. 유일한 해답은 우리의 유일한 희망인 하나님과 친밀한 관계를 다시 회복하는 것이다. 아담과 하와가 잃은 것은 생명이었고 예수님이 우리에게 오셔서 주려고 하신 것도 생명이었다. 거듭나는 순간에 우리는 주 예수 그리스도의 피와 부활로 완성된 영적이고 영원한 생명을 소유하게 된다. 우리는 진실한 마음으로 하늘의 아버지와 조화롭게 사는 것을 통해 관계를 유지한다. 이를 위해서는 하나님과 우리 사이에 있는 개인적이고 영적인 충돌을 먼저 해결해야 한다.

〈그리스도 안의 자유에 이르는 단계〉는 우리와 하늘 아버지 사이에 존재하는 충돌을 회개와 신앙으로 해결하도록 돕는다(3장을 보라). 본질적으로 이 과정은 우리가 하나님께 순종하고 악에 맞서도록 돕는 것이다(약 4:7을 보라). 그렇게 하여 악한 영의 영향을 제거하고 하나님과 우리를 인격적이고 강력하게 결속시킨다. 그러고 나면 우리는 마음과 영혼을 지키시는 하나님의 평화를 경험할 수 있다(빌 4:7을 보라). 그리고 성령이 친히 증거하심으로 우리는 하나님의 자녀라는 것을 느낄 수 있다(롬 8:16을 보라). 하나님의 은혜로 우리는 나머지 내용을 진행할 수 있을 것이다.

예수님은 놀라운 상담자시기 때문에 대부분의 사람들은 이 과정을 스스로 해나갈 수 있다. 이전에 나온 《내가 누구인지 이제 알았습니다》와 《이제 자유입니다》를 읽는다면 성공의 가능성은 훨씬 높아질 것이다. 하나님과 단둘이 시간을 보내고 이 과정을 진행하기 위해서 서너 시간을 할애하기를 권한다. 방해받지 않고 소리를 내면서 단계를 진행할 수 있을 만한 조용한 장소를 찾으라. 하나님께 순종하고 악에 맞서는 이 과정을 통해서 우리는 많은 것을 얻게 될 것이다. 물론 잃을 것은 없다. 이 단계란 다른 것이 아니고 집을 깨끗이 청소하기 위한 철저한 도덕적인 점검으로, 예수님이 성전을 다스리도록 비우는 일이다. 내 경험에 비추어 볼 때 심각한 경우라면 신실한 분의 격려와 도움을 받는 것이 필요하다. 정말 낫기를 원한다면 망설이지 말고 그리스도 중심의 목사나 상담가의 도움을 요청하라.

하나님의 자녀로서 자아를 정립하라

하나님이 누구시며 그리스도 안에서 우리가 누구인지를 아는 것은 승리하는 삶을 살게 하는 믿음의 두 가지 핵심요소다. 하나님은 사랑이시기 때문에 우리를 사랑하신다. 우리를 사랑하는 것이 하나님의 성품이며 하나님은 사랑하지 않을 수 없다. 하나님은 전능하셔서 우리에게 능력 주시는 그리스도 안에서 우리가 무엇이든 할 수 있다(빌 4:13을 보라). 하나님은 전지하신 분으로 우리 마음의 생각과 의도를 아신다(히 4:12-13을 보라). 그는 우리의 필요를 알고 그 필요를 채우실 수 있다. 하나님은 무소부재하시므로 우리는 결코 홀로 있지 않다. 그는 우리를 떠나거나 포기하지 않으신다. 우리의 영혼이 하나님과 연합하기 때문에 우리는 하나님의 신성(神性)에 참여한다(벧후 1:4을 보라). 이것이 그리스도 안에서 영적으로 사는 삶의 의미다. 우리의 삶에 그를 받아들이기만 하면 이미 그가 악마를 이겼고 우리의 죄를 용서하였고 우리에게 영생을 주었고 우리를 자녀로 삼았다는 것이 사실이 된다. "영접하는 자 곧 그 이름을 믿는 자들에게는 하나님의 자녀가 되는 권세를 주셨으니"(요 1:12).

이 장의 마지막에는 따로 떼어서 사용할 수 있는 부분이 있다. 한쪽에는 그리스도 안에서 우리가 누구인지를 확인하는 성경구절이 있어서 하나님이 어떻게 우리가 원하는 안전과 긍지와 인간관계의 필요를 해결해 주시는지를 보여준다. 그 다음에는 승리의 서약이 있는데 그리스도 안에 있는 우리의 신분에 근거한 것이다. 우리가 실망하고 우울할 때 이 목록을 보면 내가 그리스도 안에서 누구이며 그리스도 안에서 어떤 지위에 있는지에 다시 초점을 맞출 수 있을 것이다.

2. 너희 몸을 산 제사로 하나님께 드리라
로마서 12:1

우울증은 몸과 영혼과 정신에 영향을 미치는 복합적인 문제다. 따라서 우울증을 포괄적으로 치료하기 위해서는 전체적인 해답이 필요하다. 생물학적으로 여러 형태의 우울증이 있는데 이는 광범위한 혈액 검사와 신체 검사를 통해서 발견할 수 있다. 그러나 10분짜리 HMO 검사로는 충분하지 않고 정신과 의사들이 항우울제를 처방하기 위해서 하는, 증상만을 확인하는 방식의 검진으로도 충분하지 않다. 기본적으로 내인성 우울증에는 병원 치료를 정당화하기 위한 확실한 증거가 필요하다. 적절한 검사를 수행하고 심신성 질병을 이해하며 운동과 비타민 및 미네랄 보충제의 가치를 이해하는 의사나 정신과 의사를 찾아야 한다.

진단과 치료가 가능한 생물학적 우울증은 여러 형태가 있다. 내분비 계통에 장애가 생기면 우울한 증상이 나타날 수 있다. 내분비 계통은 갑상선, 부갑상선, 흉선, 췌장 그리고 부신 기관을 포함한다. 내분비 계통은 혈관으로 직접 분비되는 호르몬을 생성하는데 갑상선은 신진대사에 관여한다. 갑상선 기능이 약하면(예를 들어 갑상선 기능 저하증) 우울증과 같은 기분의 변화를 가져온다. 우리 몸의 당분은 육체적이고 감정적인 안정성을 유지하는 데 특별히 중요하다. 저혈당증(혈액에 당분이 낮은 것)은 감정적인 불안정을 수반할 가능성이 높다.

뇌하수체는 ACTH를 생산해서 부신을 자극한다. 둘 중의 한 분비기관에 기능 장애가 생기면 무기력한 행동과 우울증이 생긴다. 3장에서 우리는 계속된 스트레스로 인한 부신의 기능 저하 문제를 다뤘다. 회복 과정에는 충분한 휴식과 비타민 B 복합제의 공급이 한 부분을 담당한다. 경우에 따라서는 B12 주사를 맞을 수도 있다. B12가 결핍되는 이유는 여러 가지가 있지만 가장 흔한 것은 노화로 인한 것이다. 나이가 들면 위장이 산을 덜 생산하는데 이 산은 음식물에서 B12를 뽑아내는 데 필수적인 역할을 한다.

또한 여성이 남성에 비해서 우울증으로 더 많이 고통 받는다는 사실은 여성의 생물학적인 특징에서 기인한다. "여성의 생식기관은 기분의 급격한 변화를 일으키기 쉽다. 월경이 시작될 때의 우울증, 월경전증후군PMS, 피임약 복용, 임신, 산후 반응들, 갱년기 등은 모두 여성의 생식 계통을 중심으로 전개된다. 그리고 우리가 이미 이해하고 있는 것과 같이 이 계통은 우울증의 위험을 내포하고 있다."2

휴식과 운동, 식이요법을 포함하는 균형 잡힌 삶을 살면 생체학적 우울증의 많은 증상이 없어질 수 있다. 건강한 삶을 살기 위해서는 건강에 초점을 맞춰야지 질병에 초점을 맞춰서는 안 된다. 이것은 마음속의 싸움을 이기는 것과 동일한 방법이다. 해답은 모든 거짓말을 부정하는 것이 아니라 진리를 선택하는 것이다. 그러나 우리가 거짓말이라는 것을 깨닫지 못하거나 몸이 우리에게 보내는 신호를 무시한다면 우리는 질병과 거짓의 아비에게 희생자가 될 가능성이 높다. 우리가 우울증에 다시 빠지는 것 같다고 느낄 때는 언제라도 그냥 쓰러지지 말고 다음과 같이 기도하여 우리의 인생을 주도해야 한다.

하늘에 계신 아버지, 주의 자녀로 주께 저 자신을 내어놓습니다. 그리고 주께 완전히 의지할 것을 선언합니다. 제 몸을 주께 산 제사로 드리오니 주님이 주의 성령으로 저를 채우시길 기도합니다. 악한 영의 거짓말을 부인하고 주의 진리의 말씀을 믿기로 선택합니다. 악마를 반대하고 모든 악한 영이 나를 떠나도록 명령합니다. 이제 저 자신과 몸을 의의 도구로 사용하시도록 주께 맡깁니다. 예수님의 귀한 이름으로 기도합니다. 아멘.

3. 마음을 새롭게 함으로 변화를 받으라
로마서 12:2

우울증은 두 가지로 분류될 수 있다. 하나는 삶의 방식과 관련이 있고 다른 하나는 위기를 겪으며 생기는 것이다. 삶의 방식이 원인이 되는 우울증은 아주 어린 시절에 시작되거나 오랜 시간 동안 유지된 우울한 상태를 의미하는데 이런 우울증은 유전적인 관련성이 있을 수도 있다. 이 경우에는 단극성보다는 양극성일 가능성이 높다. 이런 경우에는 완전한 회복을 위해서 신실한 상담과 함께 약물 복용이 필요할 수도 있다. 하지만 삶의 방식과 관련된 우울증의 원인은 억압된 성장과정이나, 절망적이거나 무기력한 느낌을 만들고 전달하는 환경인 경우가 훨씬 많다.

학습된 무기력은 마음을 새롭게 함으로써 재학습될 수 있다. 시간이 흐르면서 우리의 뇌에는 우리 자신과 환경, 그리고 미래에 대해서 부정적으로 생각하는 프로그램이 입력되었다. 이런 부정적인 생각과 거짓말은 깊게 뿌리를 내린다. 우리가 지금 이 순간 느끼는 감정 속에는 수천 번에 걸친 정신적 습관이 스며들어 있다. 이런 부정적인 생각들은 자연스럽게 깊이 반복되는 경향이 있다. 〈뉴욕타임즈〉의 칼럼니스트인 대니얼 골먼Daniel Goleman은 그의 책 《감성지능 EQ》에서 이렇게 말한다. "사람들이 어느 정도로 생각하느냐에 따라 우울한 기분이 계속될 것인지 아니면 없어질 것인지를 결정할 수 있다. 우리를 우울하게 만드는 것을 늘 마음속에 두고 걱정한다면 우울증은 더 악화되고 장기화될 것이다."[3]

마음속의 투쟁은 어떻게 승리하는가? 모든 부정적인 생각을 꾸짖어야 하는가? 그렇게 한다면 우리는 아마 남은 인생을 계속 그렇게 꾸짖으며 살아야 할 것이다. 머릿속에 떠다니는 망상을 지우려는 것은 마치 물 위에 떠다니는 12개의 코르크를 물속에 다시 집어넣으려고 손에 망치를 들고 호수에 서 있는 것과 같다. 물속에서 중심을 잡으려고 애쓰면서 동시에, 힘을 다해 코르크를 물속으로 집어넣으려 할 것이다. 그런 헛된 일은 그만두고 코르크를 무시하고 호숫가로 수영해 나가야 한다. 우리는 진리를 선택함으로써 거짓의 아비를 이겨야 한다.

마음의 영적인 싸움을 이기는 것과 마음을 새롭게 하여 꾸준히 성장하는 것 사이에는 큰 차이가 있다. 그리스도 안에서 자유를 얻는 것은 시간이 오래 걸리지 않는다. 그렇지만 마음을 새롭게 하고 하나님의 형상을 닮아가는 데는 남은 평생이 소요될 것이다. 순식간에 성장하는 일은 없지만 그리스도 안에서 자유를 경험하는 능력은 비교적 짧은 시간 안에 일어날 수 있다. 일단 그리스도 안에서 우리의 정체성과 자유를 확립하고 나면 마음을 새롭게 하는 과정은 상당히 쉽다. 그렇기 때문에 우리는 〈그리스도 안의 자유에 이르는 단계〉를 먼저 수행하도록 격려한다.

잘못된 믿음과 태도를 바꾸는 것은 우울증을 극복하기 위한 필수조건이다. 세상은 우리를 끌어내리고 악마는 우리를 고소하겠지만 우리는 그 어느 것도 믿을 필요가 없다. 우리는 모든 생각을 사로잡아 그리스도께 복종시키는 일에 몰두해야 한다. 다시 말해 우리는 하나님의 말씀에 드러난 대로 진리를 믿어야 한다. 우리는 연구를 하거나 이성으로 거짓의 아비를 극복하는 것이 아니라 계시를 통해 그를 넘어서는 것이다. 대제사장의 기도에서 예수님은 하늘 아버지께 우리를 대신하여 다음과 같이 간구하셨다.

> 지금 내가 아버지께로 가오니 내가 세상에서 이 말을 하옵는 것은 저희로 내 기쁨을 저희 안에 충만히 가지게 하려 함이니이다 내가 아버지의 말씀을 저희에게 주었사오매 세상이 저희를 미워하였사오니 이는 내가 세상에 속하지 아니함같이 저희도 세상에 속하지 아니함을 인함이니이다 내가 비옵는 것은 저희를 세상에서 데려가시기를 위함이 아니요 오직 악에 빠지지 않게 보전하시기를 위함이니이다 내가 세상에 속하지 아니함같이 저희도 세상에 속하지 아니하였삽나이다 저희를 진리로 거룩하게 하옵소서 아버지의 말씀은 진리니이다(요 17:13-17).

하나님은 타락한 이 세상의 부정적인 상황에서 우리를 들어내 옮기시지 않을 것이다. 하지만 우리는 하나님의 진리의 말씀으로 정화되고 보호된다. 예수님은 "이것을 너희에게 이름은 너희로 내 안에서 평안을 누리게 하려 함이라 세상에서는 너희가 환난을 당하나 담대하라 내가 세상을 이기었노라"(요 16:33)고 말씀히 셨다. 진리로 마음을 새롭게 하는 것은 우리가 능동적으로 유지하려고 노력하지 않으면 지속되지 않는다. 다윗은 "내가 주의 법도를 묵상하며 주의 도에 주의하며 주의 율례를 즐거워하며 주의 말씀을 잊지 아니하리이다"(시 119:15-16)라고 고백했다. 그리스도 안에서 정신적인 요새 하나를 무너뜨릴 때마다 다음의 요새는 더 쉬워진다. 우리가 생각을 그리스도께 사로잡아 올 때마다 다음 생각은 더 쉽게 항복한다. 삶을 통해 습득된 우울증은 타락한 세상을 살아가면서 받은 반복적인 공격의 결과이다. 진리를 반복해서 연습하는 것이 마음을 새롭게 하는 핵심이다.

4. 선한 행위를 하기로 결단하라
빌립보서 4:9

삶의 방식과 관련된 우울증에서는 즉각적으로 빠져나오는 것이 아니라 서서히 자유로워져야 한다. 마음을 새롭게 하는 것은 시간이 걸리지만 이 과정을 촉진하고 우리의 감정에 긍정적인 영향을 주는 행동의 변화는 시간이 걸리지 않는다. 가인과 아벨이 하나님께 제물을 가지고 왔을 때 하나님은 가인의 제물은 기뻐하지 않으셨다. "가인과 그 제물은 열납하지 아니하신지라 가인이 심히 분하여 안색이 변하니 여호와께서 가인에게 이르시되 네가 분하여 함은 어찜이며 안색이 변함은 어찜이뇨 네가 선을 행하면 어찌 낯을 들지 못하겠느냐 선을 행치 아니하면 죄가 문에 엎드리느니라 죄의 소원은 네게 있으나 너는 죄를 다스릴지니라"(창 4:5-7). 감정은 우리가 선한 행동을 하도록 만들 수 없지만 행동은 우리가 좋은 기분이 되도록 할 수 있다는 것이다. 만일 뭔가 옳은 일을 하고 싶은 느낌이 들 때까지 기다린다면 결코 우리는 그 옳은 일을 할 수 없을 것이다. 예수님은 "너희가 이것을 알고 행하면 복이 있으리라"

(요 13:17)고 하셨다.

그런 이유로 우울증의 치료법 중 어떤 것들은 행동에 초점을 맞춘다. 우울한 사람들은 부정적인 기분에서 빠져나올 수 있는 활동에 참여하는 것이 도움이 된다. 침대에서 일어나고 싶지 않더라도 출근을 하라. 활동을 계획하고 그대로 시행하라. 육체적인 운동을 더 많이 하고 계획대로 시행할 것을 스스로 다짐하라. 피곤하다고 '느낄' 수도 있지만 우리의 몸은 운동을 필요로 한다. 충격이 적은 유산소 운동이나, 친구나 가족과 함께 산책하는 것부터 시작하라. 기력이 없다고 느껴지더라도 결심한 일과를 책임지고 계속해 나가라. 이러한 행동 치료나 활동들은 건강한 생활양식을 개발하는 시작 단계에 불과하다. 만일 이런 활동들이 너무 어렵거나 육체적으로 불가능할 때는 자신에게 맞게 조정해 줄 수 있는 의사의 도움을 구하라.

우울증을 악화시키기만 하는 부정적인 행동도 있다. 슬픔을 약물이나 술로 달래는 것은 가장 파괴적이고 위험한 행위라는 사실을 기억하라. 사람들은 삶의 어려움에 대처하는 방법으로 자신의 고통을 달래고 마음을 달래기 위해서 술이나 약물을 선택한다. 이것은 일시적으로 도움을 주는 것 같지만 결국 우울증을 더 악화시킬 뿐이다. 억압된 상황에서 살아가는 것이 어떻게 우울증과 알코올 중독으로 나타나는지를 이해하기 위해서는 닐 앤더슨과 마이클 퀼스가 쓴 《중독행동을 극복하기 위한 내가 누구인지 이제 알았습니다》를 읽어보라.

5. 의미 있는 관계를 추구하라
히브리서 10:24-25

우울증의 뚜렷한 증상 가운데 하나는 의미 있는 관계에서 멀어지는 것이다. 스스로 고립되어 부정적인 생각을 하며 혼자 지내면 우울 상태는 더욱 악화될 뿐이다. 혼자 있고 싶다고 느낄지도 모르나 우리는 반드시 좋은 사람들과 연결되어 있어야만 한다. 잘못된 모임과 관계는 우리를 끌어 넘어뜨리기만 한다. "속지 말라 악한 동무들은 선한 행실을 더럽히나니"(고전 15:33). 담당 목사를 만나거나 소속 공동체에서 신실한 목사와 상담자를 찾으라. 그들에게 우울증으로 고통 받고 있다는 이야기를 하고 교제의 측면에서 어떤 도움을 줄 수 있는지를 물으라. 좋은 교회에는 의미 있는 활동과 소규모 훈련모임이 많이 있는데 그런 모임을 통해서 우리는 필요한 기도의 도움과 관심을 얻을 수 있다.

생활습관으로 인한 우울증을 한 번이라도 경험한 적이 있다면 용서해야 할 사람이나 화해해야 할 사람이 한 명 이상 있게 마련이다. 그런 문제들은 여기서 다루는 단계를 밟아나가는 과정에서 대부분 해결된다. 다른 사람의 용서를 구하는 것에 대해서 예수님은 "그러므로 예물을 제단에 드리다가 거기서 네 형제에게 원망 들을 만한 일이 있는 줄 생각나거든 예물을 제단 앞에 두고 먼저 가서 형제와 화목하고 그 후에 와서 예물을 드리라"(마 5:23-24)고 말씀하셨다. 만일 우리가 누군가를 용서해야 한다면 하나님께 나아가라. 그러나 누군가의 마음에 상처를 주거나 그를 다치게 했다면 교회로 가지 말고 그 사람에게 직접 가서 화해하라. 그렇지 않으면 정신적인 평화를 누릴 수 없다.

6. 상실을 극복하라
빌립보서 4:8

반응성 우울증은 생활방식에서 생긴 우울증과는 달리 어떤 특정한 사건이나 상실에서 시작한다. 상실은 실제일 수도 있지만 위협이나 상상에 의한 것일 수도 있다. 상실을 상상하는 것은 종종 부정적인 생각 곧 거짓말을 믿는 것이다. 엘리야가 거짓말을 믿고 이세벨을 하나님보다 두려워했을 때 상황이 악화되기 시작한 것을 기억해 보자(6장을 보라). 상실은 누구나 경험하는 것이다. 하지만 위기를 어떻게 처리하느냐에 따라 우리가 상실에서 얼마나 빨리 회복되고 하나님의 형상을 얼마나 잘 닮아가는지가 결정된다. 다음의 단계는 우리가 상실을 극복하는 데 도움을 줄 것이다.[4]

상실의 내용을 정확히 규명하라
대부분의 상실은 쉽게 인식할 수 있지만 그렇지 않은 것들도 있다. 직장을 옮기거나 새로운 곳으로 이사하는 일은 우울증을 일으킨다. 두 경우 모두 사회적인 지위나 경제 기반을 향상시킬 수 있는 긍정적인 사실이지만 그 과정에서 무엇인가는 잃어야 한다. 가족이나 교회, 혹은 친구나 익숙한 장소 같은 것일 수도 있다. 상실에는 여러 측면이 있다. 예를 들면 실직으로 급여나 사회적 지위, 혹은 존경 등을 잃는 것이다.

사람들은 서로 다른 가치와 인격의 성숙도를 가지고 있기 때문에 상실에 대해서 동일하게 반응하지 않는다. 부인하는 과정을 넘어 애도의 단계로 진행하기 위해서는 상실했거나 혹은 상실할 것이 무엇인지를 이해해야만 한다. 사람들은 원했던 일자리를 얻지 못하거나 진급을 하지 못해서 우울할 수 있다. 어떤 사람들은 나름의 인생을 계획했다가 그 미래의 꿈이 산산이 부서져버렸을 수도 있다.

추상적인 상실과 구체적인 상실을 구분하라

구체적인 상실은 보거나 만지거나 측정하거나 정의할 수 있는 것이다. 추상적인 상실은 개인의 목표나 꿈, 생각 같은 것을 말한다. 구체적인 상실은 정의가 가능하기 때문에 이것을 극복하기가 일반적으로 더 쉽다. 이런 상실은 카드 게임에서 지는 것부터 사고로 다리를 잃는 것까지 다양하다. 일반적으로는 카드 게임에서 졌다고 심각하게 우울해하지 않겠지만 만약 세계 브릿지 챔피언십에 국가대표로 출전했다가 결승에서 졌다면 많이 우울할 것이다. 추상적인 상실이란 우리가 누구이며 왜 여기에 있는지와 깊은 관련이 있다. 실직의 경우처럼 구체적인 상실은 대부분 추상적인 상실과 섞여 있다. 다음 주에 새로운 일자리를 찾을 수도 있겠지만 거절의 고통과 스스로 실패자라는 잘못된 생각 때문에 계속 우울할 수도 있다. 그러므로 우리가 그리스도 안에서 누구인지를 알고 우리가 그분 안에서 용납되고 안전하고 중요하다는 것을 이해하는 것이 매우 중요하다.

상상이나 두려움으로 인한 상실과 실제 상실을 구분하라

상상이나 두려움으로 인한 상실은 실제 일어난 상실과 같은 방법으로 처리할 수 없다. 실제 상실의 경우 우리는 진실을 직면하고 상실을 애도하며 의미 있는 삶을 계속 영위하기 위해 필요한 변화를 시도할 것이다.

상상이나 두려움으로 인한 상실을 실제 상실로 전환하라

상상으로 만들어낸 상실은 현실의 왜곡이다. 이것들은 우리가 믿는 거짓말, 의심, 혹은 가설에 근거한다. 우리는 정확한 사실을 모를 때 마음으로 이런 저런 가설을 세워보는데 이때 최선의 상황이 아니라 최악의 상황을 상상하는 경향이 있다. 추측에 근거해서 행동한다면 우리는 어리석은 사람이 될 것이다. 왜냐하면 제 맘대로 추측하는 교만에서는 다툼만 생기기 때문이다(잠 13:10을 보라). 사람들은 기분이 우울해질 때까지 계속해서 마음속으로 다양한 가능성과 결과를 생각해 본다. 그러지 말고 추측이 과연 맞는지 확인해 보고 베드로의 조언을 따르라.

> 너희 염려를 다 주께 맡겨 버리라 이는 저가 너희를 권고하심이니라 근신하라 깨어라 너희 대적 마귀가 우는 사자같이 두루 다니며 삼킬 자를 찾나니(벧전 5:7-8).

두려움으로 인한 상실은 실제 상실로 변할 가능성을 내포하고 있다. 여기에는 직장에서 감원의 가능성이 있다거나 떠나겠다고 이야기하는 배우자 같은 경우가 포함된다. 이런 위협들은 우울증을 촉진할 수 있지만 당시에는 상실이 최종적이지 않기 때문에 처리할 수 없다. 스스로 최악의 경우를 생각해 보고 '내가 견딜 수 있을까?'를 물어보는 것이 도움이 된다. 우리는 이렇게 영원하지 않은 상실을 준비한다. 우리는 모두 잠재적인 상실을 대하며 살고 있다. 어느 누구도 우리가 누구인지 결정할 권리가 없고 누구도 하나님이 창조하신 우리의 모습을 바꾸어놓을 수 없다. 그러므로 누군가 우리를 협박한다면 베드로의 조언대로 대응하라.

또 너희가 열심으로 선을 행하면 누가 너희를 해하리요 그러나 의를 위하여 고난을 받으면 복 있는 자니 저희의 두려워함을 두려워 말며 소동치 말고 너희 마음에 그리스도를 주로 삼아 거룩하게 하고 너희 속에 있는 소망에 관한 이유를 묻는 자에게는 대답할 것을 항상 예비하되 온유와 두려움으로 하고 선한 양심을 가지라 이는 그리스도 안에 있는 너희의 선행을 욕하는 자들로 그 비방하는 일에 부끄러움을 당하게 하려 함이라 선을 행함으로 고난 받는 것이 하나님의 뜻일진대 악을 행함으로 고난 받는 것보다 나으니라(벧전 3:13-17).

우리 인생을 영원의 관점에서 볼 때 이런 것들은 성장과 관련된 문제이지 최종적인 문제는 아니다. 우리에게 생길 수 있는 최악의 일은 무엇인가? 죽는 것이다. 그렇지만 죽음이 견딜 수 없는 일인가? 바울은 "내게 사는 것이 그리스도니 죽는 것도 유익함이니라" (빌 1:21)고 말했다. 이 공식에 다른 무엇을 넣더라도 결과는 상실이다. '내게 사는 것이 건강이니 죽는 것은 상실이라.' '내게 사는 것이 가족이니 죽는 것은 상실이라.' 이 말은 자살을 해도 된다는 허락이 아니다. 이것은 우리가 책임감 있는 삶을 살도록 자유롭게 하는 진리다. 죽음의 두려움에서 벗어난 자유로운 사람은 오늘도 책임감을 가지고 자유롭게 살 수 있다.

애통의 단계를 충분히 통과하라

위기에 대한 자연스러운 반응은 그것이 실제로 일어났다는 것을 인정하지 않고 그 일이 일어났다는 데 분노하며 하나님이나 다른 사람과 흥정을 해서 상황을 바꿔 보려고 시도하는 것이다. 이렇게 해도 일이 풀리지 않으면 우울해진다. 애통하는 과정을 건너뛸 수는 없다. 하지만 상실의 강도를 충분히 느낌으로써 그 시간을 줄일 수는 있다. 무엇을 잃었을 때 우울해지는 것은 현실이다. 우리에게 가치 있는 것을 잃는 것은 상처가 된다. 상실의 강도를 완전히 느끼지 않으면 상실을 제대로 처리할 수 없다. 예수님이 이 말씀을 하실 때 아마도 그것을 염두에 두셨을 것이다. "애통하는 자는 복이 있나니 저희가 위로를 받을 것임이요"(마 5:4).

상실의 현실에 직면하라

상실의 영향을 완전히 직면한 후에야 우리는 상실의 현실을 처리할 수 있다. 이것은 중요한 연결점이다. 우리는 인생을 포기하고 우울증에 굴복하여 낙오할 것인가? 아니면 바꿀 수 없는 현실을 받아들이고 상실감을 털어버릴 것인가? 남은 인생을 스스로 불쌍히 여기면서 살 수도 있지만 상실을 받아들이기로 결단하고 의미 있는 인생길을 가는 방법을 배울 수도 있다.

상실에 대한 성경의 견해를 수용하라

인생의 시험과 환난은 우리를 연단하기 위한 과정이다. 우리는 의를 위해 고난을 받는다. 우리는 위기를 겪고 이전보다 더 나은 사람이 될 수 있다. 상실을 피할 수는 없다. 이는 우리를 파괴하기 위한 것이 아니라 우리가 누구인지를 드러내기 위한 것이다. 상실의 직접적인 결과로 사람들은 그리스도 안에서 자신이 누구인지에 대한 진리를 발견했다. 그 후에 일어난 상실들은 현실의 삶을 깊이 있게 하고 우리의 성품을 완전하게 하며 더 큰 사역을 위해 우리를 준비시킨다.

그리스도 안에서 우리가 실제로 누구인지를 알고 마음을 새롭게 하라

우리는 모두 살아가면서 상실과 학대의 피해자가 될 수 있다. 우리는 슬픔에 잠기거나 남을 비난하면서 또는 인생이 불공평하다고 불평하면서 남은 인생을 우울하게 살아갈 수도 있다. 계속해서 피해자로 남을 것인지의 여부는 우리의 선택에 달려 있다. 우리는 그저 과거의 산물이 아니다. 우리는 그리스도 안에서 새로운 피조물이다. 어떤 사람이나 어떤 사물도 하나님이 창조하신 우리의 모습을 바꾸어놓을 수 없다. 사도 바울의 말과 같이 우리는 그리스도 예수를 우리의 주로 아는 이 놀라운 지식 외에는 모든 것을 분토로 여긴다. "우리 산 자가 항상 예수를 위하여 죽음에 넘기움은 예수의 생명이 또한 우리 죽을 육체에 나타나게 하려 함이니라"(고후 4:11).

7. 놓아주라
에베소서 4:31-32

한 여인이 10년 전에 자신의 제일 가까운 친구가 자신의 남편과 도망간 이야기를 해주었다. 이 믿을 수 없는 배신으로 그는 깊은 상처를 받았다. 이들의 간통으로 자신의 인생이 망가졌으며 자신이 할 수 있는 것은 없다고 생각했다. 10년 동안 그는 비통과 우울에 젖어 있었다. 분노의 감정과 복수의 계획이 마음에서 진행되었다. 닐은 이렇게 말했다. "내가 당신을 보니 한 손은 당신을 꼭 잡고 계신 하나님을 향해 뻗고 있고, 다른 한 손은 당신의 과거를 꼭 잡고 놓아주지를 않고 있군요. 당신은 하나님을 붙들고 있지도 않지만 하늘 아버지는 사랑하는 자녀인 당신을 붙들고 계십니다. 이제 놓을 때가 되지 않았나요? 당신 자신을 해칠 뿐입니다." 수련회 마지막에 그는 〈그리스도 안의 자유에 이르는 단계〉를 밟았고 자신의 과거를 내려놓았다. 다음날 아침 그 여인은 하나님의 자유로운 자녀의 모습으로 성가대에 서서 찬양하고 있었다.

과거를 놓아버리고 하나님을 붙잡으라. 그것이 우리의 유일한 희망이다. 마지막으로 다음 이야기가 우리를 도와 승리의 길로 인도할 것이다.

한때 나의 꼭 쥔 주먹에는 재가 있었다. 내 열 살짜리 몸에 가해진 불에서 나온 재가 있었다. 나는 재를 원하지도 않았고, 생긴 상처도 내 뜻이 아니었다. 그리고 17년이 지나도록 불에서는 아직도 연기가 나고 있었다. 나는 주먹을 쥐고 아무에게도 상처를 보이지 않고 살았으며 그 재를 미워하면서도 보내기는 싫은 상태로 내 주먹을 쥐고 있었다. 그렇게 계속할 수 있을지, 그럴 만한 가치가 있는지도 몰랐다. 내가 만진 것마다 더러워지고 어딜 가나 검댕 자국이 남았다. 아니 그렇게 보였는지도 모른다. 과거를 잊어보려 했지만 언제나 남는 검은 자국은 내가 그렇게 할 수 없다는 것을 상기시켜 주었다. 난 정말로 어쩔 수 없었다. 하지만 하나님께는 그것이 가능했다! 하나님의 소중한 성령이 절망으로 우는 어느 날 밤에 나의 마음에 말씀하셨다. "재 대신 아름다운 화관을, 너의 슬픔에 희락의 기름을, 네 무거운 영에 찬송의 옷을 주겠다"고 속삭이셨다. 나는 이런 것들을 들어본 적이 없었다. 아름다운 화관? 재 대신에 아름다움? 슬픔으로 얼룩진 나의 기억 대신 하나님의 치유의 말씀을? 나의 더러운 꿈 대신 한밤중에 하나님의 노래를? 나의 무기력과 상처 입은 감정 대신 영원한 그의 평화를?

이런 제안을 거절할 정도로 내가 고집을 부릴 수 있었겠는가? 기꺼이, 그렇지만 천천히, 그리고 흐느끼면서 나는 내 꽉 쥔 주먹을 펴고 재를 바닥에 떨어뜨렸다. 침묵 속에 나는 바람에 재가 날리는 소리를 들었다. 내게서 영원히 멀어지는 재를……. 나는 이제 나의 활짝 편 두 손으로 이전의 나처럼 다른 사람에게 상처를 주는 사람의 주먹을 감싸주며 자신 있게 이렇게 말할 수 있다. "다 보내고 잊어버리자. 이해할 수 없는 놀랍고 아름다운 화관이 있다. 자, 하나님을 신뢰하여라. 너의 재 대신 아름다운 화관을 머리에 쓰려무나."[5]

그리스도 안에서 나는 누구인가

나는 용납되었다

요 1:12	나는 하나님의 자녀이다.
요 15:15	나는 그리스도의 친구이다.
롬 5:1	나는 의롭게 되었다.
고전 6:17	나는 주님과 연합하여 한 영이 되었다.
고전 6:19-20	나는 값을 치르고 사신 바 되었다. 나는 하나님께 속해 있다.
고전 12:27	나는 그리스도의 몸의 한 지체이다.
엡 1:1	나는 성도이다.
엡 1:5	나는 하나님의 자녀로 입양되었다.
엡 2:18	나는 성령을 통하여 하나님께 직접 나아갈 수 있다.
골 1:14	나는 속량(구속)되었고 내 모든 죄를 용서 받았다.
골 2:10	나는 그리스도 안에서 충만함을 받았다.

나는 안전하다

롬 8:1-2	나는 모든 정죄를 벗어났다.
롬 8:28	나는 모든 일이 합력하여 선을 이룰 것을 확신한다.
롬 8:31-34	나는 내게 대한 모든 송사로부터 자유하다.
롬 8:35-39	나는 하나님의 사랑으로부터 분리될 수 없다.
고후 1:21-22	나는 하나님에 의해 세움 받고, 기름부음 받고, 인치심을 받았다.
빌 1:6	나는 하나님이 내 속에 시작하신 착한 일이 완성될 것을 확신한다.

빌 3:20	나는 천국의 시민이다.
골 3:3	나는 그리스도와 함께 하나님 안에 감추어 있다.
딤후 1:7	나는 두려워하는 영이 아니라 능력과 사랑과 건강한 마음을 받았다.
히 4:16	나는 필요할 때 은혜와 자비를 얻을 수 있다.
요일 5:18	나는 하나님께로서 났으며, 악한 자가 나를 건드리지도 못한다.

나는 중요한 인물이다

마 5:13-14	나는 세상의 빛과 소금이다.
요 15:1, 5	나는 참 포도나무의 가지요, 하나님의 생명의 통로이다.
요 15:16	나는 택함을 받아 열매를 맺도록 지정되었다.
행 1:8	나는 그리스도를 인격적으로 증거하는 사람이다.
고전 3:16	나는 하나님의 성전이다.
고후 5:17-21	나는 사람들을 하나님과 화목하게 하는 직책을 맡았다.
고후 6:1	나는 하나님의 동역자이다(고전 3:9을 보라).
엡 2:6	나는 그리스도와 함께 하늘에 앉아 있다.
엡 2:10	나는 하나님의 작품이다.
엡 3:12	나는 자유와 확신을 가지고 하나님께 나아갈 수 있나.
빌 4:13	나는 내게 힘 주시는 그리스도 안에서 모든 것을 할 수 있다.

그리스도 안에서 승리한 이들의 서약

1. 나는 나의 모든 신뢰와 확신을 주님께 두며, 육신을 신뢰하지 않고, 나 자신을 하나님께 의존한 자로 선언한다.
2. 나는 의식적, 의도적으로 자기를 부인함으로써 하나님께 복종하고 마귀에 대항하기로 선택한다.
3. 나는 하나님께서 하나님의 때에 나를 높이시도록 하나님의 전능하신 손 앞에서 겸손히 나 자신을 낮추기로 선택한다.
4. 나는 그리스도와 함께 죽었고 그리스도와 함께 다시 살리신 바 되었으므로, 그리스도 예수 안에서 죄에 대하여 죽었고 그로써 죄에서 자유하며, 하나님께 대하여 살아 있음을 선언한다.
5. 나는 하나님의 자녀로서 아무 조건 없이 사랑받고 용납되고 있다는 진리를 기쁘게 수용한다. 또한 나는 용납되기 위하여 어떤 행위를 해야 한다는 거짓 가르침을 거부하며, 세상이 부여한 나의 타락하고 본능적인 정체성을 거부한다.
6. 나는 이제 율법 아래 있지 아니하고 은혜 아래 있으므로 죄가 더 이상 나를 지배하지 못하며, 나는 그리스도 예수 안에 영적으로 살아 있으므로 더 이상 정죄나 죄책이 없음을 선언한다.
7. 나는 어떠한 경우에도 내 몸의 불의한 사용을 거부하며, 나 자신을 더 이상 이 세상을 따르도록 내어주지 아니하고 오히려 내 마음을 새롭게 함으로써 변화를 받는 데 내어드리기로 결의한다. 나는 나의 감정이나 환경과 상관없이 진리를 믿고 진리를 따라 행하기로 선택한다.
8. 나는 모든 생각을 사로잡아 그리스도께 복종시키기로 나 자신을 드리며, 참되고 경건하고 옳고 순결하고 사랑할 만한 것들을 생각하기로 선택한다.
9. 나는 내 삶에서 그분의 형상을 이루시려는 하나님의 위대한 목표에 나 자신을 헌신한다. 나는 많은 시험을 만날 것이나 하나님은 이미 나에게 승리를 주셨고, 나는 희생자가 아니라 그리스도 안에서 이기는 자임을 확신한다.
10. 나는 이기심이나 공허한 자존심에서 하는 모든 행위를 버리고, 다른 사람을 나보다 더 중요하게 생각하는 겸손한 그리스도의 마음과 태도를 받아들이기로 선택한다. 나는 단순히 나 자신의 개인적인 관심사만 아니라 다른 사람의 관심사에도 주의를 기울일 것이다. 나는 받는 것보다 주는 것이 더 복이 있다는 사실을 안다.

주

들어가는 말

1. 사람들이 육체적으로 아픈 원인이 정신적, 감정적, 영적인 이유라는 것은 널리 인정된 사실이다. 모든 질병의 약 50%(또는 사람에 따라 75%까지 주장하기도 한다)는 심인성이라고 한다. 복음서에 나오는 병 고침의 25% 정도는 실제로 귀신을 쫓아낸 것이다.
2. '우울증', *National Institutes of Mental Health.* www.nimh.nih.gov/publicat/depression.cfm#intro (2003년 3월 24일 접속).
3. Michael Burlingame, *The Inner World of Abraham Lincoln* (Urbana, IL: University of Illinois Press, 1994), n.p.
4. 위의 책, p. 40.
5. 위의 책, p. 100.
6. Anthony Storr, *Churchill's Black Dog, Kafka's Mice, and Other Phenomena of the Human Mind* (New York: Grove Press, 1988), n.p.
7. 출처 불명.

1장

1. 1988년 2월 18일, *Denver Post*, p. 106.
2. 출처 불명.
3. John Gray, *Men Are from Mars, Women Are form Venus* (New York: Harper Collins Publishers, 1992), pp. 30-35. 《화성에서 온 남자 금성에서 온 여자》(친구 역간).

2장

1. David Burns, *The Feeling Good Handbook* (New York: Plime, 1989), p. 59.
2. Demitri and Janice Papolos, *Overcoming Depression* (New York: Harper Perennial, 1992), p. 7.
3. Kay Redfield Jamison, *Touched with Fire* (New York: Free Press Paperbacks, 1993).
4. Kay Redfield Jamison, *An Unquiet Mind* (New York: Vintage Books, 1995). 《조울병, 나는 이렇게 극복했다》(하나의학사 역간).
5. Leo Tolstoy, *Confessions* (New York: W. W. Norton, 1983), pp. 28-29. 《톨스토이 참회록》.
6. 출처 불명.
7. Michael Lemonick, "The Mood Molecule", *Time*, no. 29 (1997년 9월), p. 75.
8. *Time* (1997년 9월 29일), p. 76.
9. 의학 박사인 Lyle Torguson과 Stephen King이 공동 수집한 의

학 정보.

10. Thomas J. Moore, *Prescription for Disaster* (New York: Simon and Schuster, 1998), p. 115.
11. D. A. Kessler, "Introducing MedWatch", *Journal of the American Medical Association*, vol. 269 (1993), pp. 2765-2768.
12. Mitch and Susan Golant, *What to Do When Someone You Love Is Depressed* (New York: Villard Books, 1996), p. 10.
13. 위의 책, p. 11.
14. Martin Seligman, *Learned Optimism* (New York: Pocket Books, 1990), pp. 65-66.

3장

1. 《The Steps to Freedom in Christ》는 사람들이 하나님을 믿고 회개하여 개인적인 갈등이나 영적인 갈등을 해결하도록 돕는 도구이다. 이 책은 인터넷 서점이나 우리 단체(Freedom in Christ Ministries)에서 구입할 수 있다. 이 책의 신학이나 방법론은 Neil T. Anderson의 《Discipleship Counseling》(Regal Books, 2003)에 자세히 기술되어 있다.
2. Demitri and Janice Papolos, *Overcoming Depression*, p. 88-89.
3. 더 많은 정보를 보려면 William Backus, *Telling Yourself the Truth* (Bethany Fellowship, 1980)과 David Stoop, *Self Talk: Key to Personal Growth* (Fleming H. Revell, 1982)을 보라.

4장

1. Anne Olivier Bell and Andrew McNeillie, eds., *The Diary of Virginia Woolf* (New York: Harcourt, Brace, Jovanovich, 1984), p. 226.
2. Gary R. Collins, *Christian Counseling: A Comprehensive Guide* (Dallas, TX: Word Publishing, 1988), p. 318. 《크리스챤 카운슬링: 종합 상담 안내서》(두란노 역간).
3. Neil T. Anderson and Charles Mylander, *The Christ-Centered Marriage: Discovering and Enjoying Your Freedom in Christ Together* (Ventura, CA: Regal Books, 1996), p. 108.
4. George Barna, *The Frog in the Kettle* (Ventura, CA: Regal Books, 1990), p. 229. 더 자세한 내용을 원하면 《부정적인 자아상을 극복하기 위한 내가 누구인지 이제 알았습니다》를 보라.
5. David Meyers in *Psychology and Christianity*, eds. Eric L. Johnson and Stanton L. Jones (Downers Grove, IL: InterVarsity Press, 2000), pp. 62-63.

5장

1. Frank Mead, *The Encyclopedia of Religious Quotations* (Westwood, NJ: Fleming H. Revell, 1965), p. 234.
2. Sherwood Wirt and Kersten Beckstrom, eds., *Living Quotations for Christians* (New York: Harper and Row, 1974), p. 114.
3. Frank Minirth 등저, *How to Beat Burnout* (Chicage: Moody Press, 1986), p. 135. 《무력감에 빠졌을 때》(서울말씀사 역간).

4. George Sweeting, comp., *Great Quotes and Illustrations* (Waco, TX: Word Books, 1985), p. 143.

6장

1. Demitri and Janice Papolos, *Overcoming Depression*, p. 89.
2. 더 이상 학대를 당하지 않기 위한 성경적 방침을 정하려면 Henry Cloud and John Townsend, *Boundaries* (Zondervan Publishing House, 2002)를 보라. 《NO라고 말할 줄 아는 그리스도인》(좋은씨앗 역간).
3. 출처 불명.
4. Neil T. Anderson, *Victory Over the Darkness* (Ventura, CA: Regal Books, 2000), p. 115. 《내가 누구인지 이제 알았습니다》(죠이선교회 역간).

7장

1. 출처 불명.
2. Martin Seligman, *Learned Optimism*, pp. 65-66.
3. Joni Eareckson Tada (Focus on the Family radio, 1993년 6월).
4. Jim Elliot, *The Journals of Jim Elliot*, Elisabeth Elliot, ed. (Grand Rapids, MI: Fleming H. Revell, 1978), p. 174.
5. Dr. Reinhold Neibuhr, "Serenity Prayer."
6. Edwin E. Aldrin, *Return to Earth* (New York: Random House, 1973). *Current Biographic Yearbook* (1993)에서 인용.

8장

1. J. I. Packer, *Rediscovering Holiness* (Ann Arbor, MI: Vine Books, 1992), p. 250.
2. Gordon R. Lewis, "Suffering and Anguish", *Zondervan Pictorial Encyclopedia of the Bible*, ed. Merril C. Tenny (Grand Rapids, MI: Zondervan Publishing House, 1976).
3. C. S. Lewis, *The Problem of Pain* (New York: Macmillan, 1962), p. 93. 《고통의 문제》(홍성사 역간).
4. John Freccero, *Dante: The Poetics of Conversion*, ed. Rachel Jacoff (Cambridge, MA: Harvard University Press, 1986), p. 70.
5. C. S. Lewis, 위의 책, p. 91.
6. 출처 불명.
7. C. S. Lewis, *The Joyful Christian: 127 Readings from C. S. Lewis* (New York: Macmillan, 1977), p. 210.
8. H. W. Robinson, *Suffering: Human and Divine* (New York: Macmillan, 1939), p. 139.
9. C. S. Lewis, *The Problem of Pain*, p. 93. 《고통의 문제》.
10. Peter Kreeft, *Making Sense out of Suffering* (Ann Arbor, MI: Servant Books, 1986), p. 78.
11. Philip Edgcumbe Hughes, *Paul's Second Epistle to the Corinthians* (Grand Rapids, MI:Eerdmans Publishing Co., 1962), p. 11.

9장

1. E. Stanley Jones. Sherwood Wirt and Kersten Beckstrom, eds., *Living Quotations for Christians*(New York: Harper and Row, 1974), p. 35에서 인용.
2. Archibald Hart, *Counseling the Depressed* (Waco, TX: Word Books, 1987), p. 99. 《우울증 상담》(두란노 역간).
3. Daniel Goleman, *Emotional Intelligence.* 《감성지능 EQ》(비전코리아 역간). Mitch and Susna Golant의 *What to Do When Someone You Love is Depressed* (New York: Villard Books, 1996), p. 23에서 인용.
4. Archibald Hart가 그의 책 *Counseling the Depressed* (Waco, TX : Words Books, 1987), pp. 133-143에서 보여준 통찰에 감사를 표한다.
5. 출처 불명.

옮긴이 소개

정석영

한동대학교 정치학과 영문학을 공부하였고, 안철수 연구소에서 프로젝트 매니저, 프로그램 매니저를 거쳐, 현재 미국 ICSA 연구소(www.icsalabs.com) 산하 와일드리스트(www.wildlist.org)의 연구 책임자로 컴퓨터 바이러스를 분석하고 있다.
옮긴 책으로 「중국」(죠이선교회)이 있다.

우울증을 극복하기 위한
내가 누구인지 이제 알았습니다

초판 발행	2006년 4월 26일
초판 5쇄	2018년 11월 5일
지은이	닐 앤더슨, 조앤 앤더슨
옮긴이	정석영
발행인	김수억
발행처	죠이선교회(등록 1980. 3. 8. 제5-75호)
홈페이지	www.joybooks.co.kr
주소	02576 서울시 동대문구 왕산로19바길 33
전화	(출판부) (02) 925-0451
	(죠이선교회 본부, 학원사역부, 해외선교부) (02) 929-3652
	(전문사역부) (02) 921-0691
팩스	(02) 923-3016
인쇄소	영진문원
제본소	정문바인텍
판권소유	ⓒ죠이선교회
ISBN	89-421-0223-9 03230

책값은 뒤표지에 있습니다.
잘못된 도서는 교환하여 드립니다.
이 책의 내용을 허락 없이 옮겨 사용할 수 없습니다.